MANA

Titel von Almut Irmscher in der Reise-Lesebuch-Reihe:

Das **Island**-Lesebuch	(978-3-95503-127-5)
Das **Norwegen**-Lesebuch	(978-3-95503-130-5)
Das **Dänemark**-Lesebuch	(978-3-95503-133-6)
Das **Irland**-Lesebuch	(978-3-95503-136-7)
Das **Schottland**-Lesebuch	(978-3-95503-139-8)
Das **England**-Lesebuch	(978-3-95503-142-8)
Das **Portugal**-Lesebuch	(978-3-95503-146-6)
Das **Italien**-Lesebuch	(978-3-95503-149-7)
Das **Griechenland**-Lesebuch	(978-3-95503-152-7)
Das **Schweden**-Lesebuch	(978-3-95503-177-0)
Das **Kroatien**-Lesebuch	(978-3-95503-180-0)
Das **Toskana**-Lesebuch	(978-3-95503-183-1)
Das **Namibia**-Lesebuch	(978-3-95503-200-5)
Das **Nordsee**-Lesebuch	(978-3-95503-215-9)
Das **Ostsee**-Lesebuch	(978-3-95503-212-8)
Das **Spanien**-Lesebuch	(978-3-95503-209-8)
Das **Sardinien**-Lesebuch	(978-3-95503-231-9)

Titel von Gunhild Hexamer in der Reise-Lesebuch-Reihe:

Das **Kanada**-Lesebuch – Der Osten	(978-3-95503-186-2)
Das **Kanada**-Lesebuch – Der Westen	(978-3-95503-189-3)
Das **Kalifornien**-Lesebuch	(978-3-95503-203-6)
Das **USA**-Lesebuch	(978-3-95503-218-0)

Titel von Almut Irmscher in der City-Lesebuch-Reihe:

Das **Wien**-Lesebuch	(978-3-95503-234-0)
Das **Rom**-Lesebuch	(978-3-95503-237-1)
Das **Hamburg**-Lesebuch	(978-3-95503-240-1)

Bibliografische Information der Deutschen Nationalbibliothek
Die Deutsche Nationalbibliothek verzeichnet diese Publikation in der
Deutschen Nationalbibliografie. Detaillierte bibliografische Daten sind im
Internet unter http://dnb.dnb.de abrufbar.

Titelfoto: iStock 532165754-RossHelen (Parlamentsgebäude)
Bilder im Innenteil: Almut Irmscher
Umschlag, Satz, Layout: MANA-Verlag
Druck: Dardedze, Riga, EU
ISBN: 978-3-95503-234-0

Almut Irmscher

Das Wien-Lesebuch

Impressionen und Rezepte

aus der Stadt der Donaumonarchie

Inhalt

Einführung

Wien, Wien, nur du allein… Höre ich den Namen dieser Stadt, so klingt ganz unwillkürlich Musik in meinen Ohren. Ein zuckersüßer Geschmack legt sich auf meinen Gaumen und vor meinen Augen entstehen Bilder von würdevollen Gründerzeithäusern, von Schlössern, Pracht und klassischer Schönheit. Eine Gesamtkomposition aus Stil, Charme und Lebensart, aus Kultiviertheit, Stolz und Eleganz, die sich zu einem harmonischen Gefüge vereint.

Immer wieder findet sich Wien im Rahmen der internationalen Mercer-Studien auf der Spitzenposition unter den Städten dieser Welt, die mit der höchsten Lebensqualität aufwarten können. Die New Yorker Unternehmensberatung Mercer vergleicht dabei Metropolen anhand von Kriterien wie politische und soziale Stabilität, wirtschaftliche Voraussetzungen, soziokulturelle und persönliche Freiheit, gesundheitliche Rahmenbedingungen, Bildungspolitik, Infrastruktur, Freizeitangebot, Konsummöglichkeiten, Wohnungswesen und Umweltsituation. Welche Faktoren führen dazu, dass Wien hier eine so herausragende Führungsrolle innehat?

Wiens Altstadt zählt zum UNESCO-Weltkulturerbe, und vielleicht trifft nirgends der imperiale Glanz vergangener Tage in solch einem spannungsgeladenen Bogen auf die Moderne unserer Zeit wie in Wien. Insbesondere die repräsentative Architektur der Gründerzeit prägt das Wiener Stadtbild und lässt es so harmonisch erscheinen, als sei es aus einem einzigen Guss entstanden. Doch neben dem gotischen Stephansdom stechen auch barocke und klassizistische Gebäude aus dem Eindruck heraus, und die Epoche des Jugendstils hat bedeutende Spuren hinterlassen, weil sich die österreichischen Künstler jener Zeit zur Wiener Secession zusammenschlossen und so ihre eigene Variante des Jugendstils schufen. Das spiegelt sich nicht nur in Bauten, sondern auch in den Werken von Wiener Malern wie Gustav Klimt. Außergewöhnliche Akzente in der Stadtarchitektur setzten im 20. Jahrhundert Künstler wie Friedensreich Hundertwasser oder Fritz Wotruba, schließlich postmoderne Schöpfungen wie der 202 Meter hohe Millennium Tower oder die noch etwas höheren DC Towers in der Wiener Donaucity. Dieser Bezirk wurde ab 1996 erschlossen und ist durchweg von meist himmelstürmender Bauweise geprägt, wobei Wien insgesamt vergleichsweise wenige Hochhäuser aufweist.

Zugleich ist Wien aber auch eine grüne Weltstadt, denn rund die Hälfte des Stadtgebiets besteht aus Grünflächen, aus Parks, Gärten, Wäldern, sogar aus landwirtschaftlich genutzten Flächen. Ein Teil der Stadt gehört darüber hinaus zum Wienerwald, dem berühmten Naturrefugium und Wanderparadies. Das gesamte Stadtgebiet ist von einem Grüngürtel umschlossen, es handelt sich um eine der weltweit ersten Anlagen dieser Art. Selbst die Friedhöfe gelten als Oasen der Erholung, allen voran der große Zentralfriedhof, der durch Szenen im Filmklassiker „Der dritte Mann" zu Weltruhm kam. So manche „schöne Leich" hat's hier gegeben, das ist die Wiener Bezeichnung für eine würdevolle Bestattung. Neben Berühmtheiten – von Beethoven und Brahms bis Falco und Udo Jürgens – sind rund drei Millionen Tote in den etwa 330.000 Grabstätten des Zentralfriedhofs beigesetzt. Und dennoch ist gerade er ein Hort des Lebens und der Artenvielfalt. Hier gibt es Falken, Marder, Dachse, Hamster, Rehe und viele andere mehr. Ganz besonders populär sind die zutraulichen Eichhörnchen, von den Wienern liebevoll „Hansi" genannt.

Nicht zuletzt begünstigt auch das milde und regenarme Klima die Lebensqualität in der Stadt. Bedingt durch die geografische Lage unterliegen die Wiener Wetterbedingungen einer Mischung aus kontinentalen und ozeanischen Einflüssen. Im Winter schwanken die Temperaturen zwar oft um den Gefrierpunkt, auch extreme Kälte kommt vor, doch ist es bei weitem nicht so kalt wie im restlichen Österreich. Frühjahr und Herbst sind mild, im Sommer ist es warm, mitunter kann es auch ziemlich heiß werden. Der meiste Regen fällt in den Sommermonaten, längere Trockenperioden sind aber auch dann keine Seltenheit.

Die ausgezeichnete Infrastruktur, ein hervorragendes Gesundheits- und Bildungswesen, effiziente Verwaltung, niedrige Kriminalitätsrate und ein funktionierendes Sozialsystem, all das spielt eine Rolle bei Wiens internationalem Ranking genauso wie seine geografische Lage am Rande Westeuropas, die Wien zu einer Art Tor zum Osten macht. Schon seit Jahrtausenden kreuzen sich hier wichtige Handelswege, und noch heute pflegen zahlreiche Wiener Unternehmen gute Beziehungen zu Osteuropa. Davon profitiert die Wiener Wirtschaft, dank derer Wien zu einer der wohlhabendsten Städte der Welt aufgestiegen ist. An die 90.000 Betriebe sind hier tätig, das mittlere Einkommen und die Kaufkraft der Wiener Bevölkerung liegen deutlich über dem europäischen Durchschnitt.

Durch den Wiener Kongress, dem die Neuordnung Europas nach Napoleons Feldzügen oblag, stieg Wien zu einem Zentrum der internationalen Diplomatie auf, eine Bedeutung,

die es bis heute bewahren konnte. In den Siebzigerjahren des
vorigen Jahrhunderts entstand mit der UNO-City am Donauufer einer der vier Amtssitze der Vereinten Nationen. Die
OPEC, die internationale Organisation erdölexportierender
Länder, residiert seit 1965 in Wien, obwohl Österreich gar
nicht zu den Ölförderländern zählt.

All diese Faktoren verbunden mit einer gloriosen
Geschichte haben die ganz besondere Wiener Kultur hervor-
gebracht, und ihr gebührt wohl der höchste Anteil an Wiens
außergewöhnlichem Reiz als lebenswerte Stadt. Wien offeriert
ein wahres Feuerwerk an Sehenswürdigkeiten, an Freizeitange-
boten, an Museen und Galerien, an Sport und Vergnügen,
an Festivals und Konzerten, deren Spektrum von moderner
Avantgarde bis zur musikalischen Hochkultur reicht.

Besonders letztere fällt hier durch ihre Volksnähe auf. Die
Wiener Staatsoper als eines der renommiertesten Opernhäu-
ser der Welt bietet für Musikfreunde mit schmalem Budget
nicht nur günstige Stehplätze, darüber hinaus werden Auffüh-
rungen in den wärmeren Spielzeitmonaten auch live auf den
nahen Karajanplatz übertragen, und der Besuch ist kostenlos.
Seit berühmte Musiker wie Mozart, Haydn und Beethoven
hier gewirkt haben, gilt Wien als internationale Hauptstadt der
Musik. Von der Wiener Klassik über den Walzer, die Leichtigkeit der Operette und das volkstümliche Wienerlied reicht die
Bandbreite bis hin zu österreichischen Liedermachern und
Austropop. Ist es ein Wunder, dass mir Musik in den Ohren
klingt, wenn ich an Wien denke?

Eine ganz herausragende Rolle in der Wiener Lebensart
spielen aber natürlich auch die kulinarischen Versuchun-
gen. Diese beginnen im Heurigen, so heißen die Weinlokale,
die stadteigenen Wein ausschenken, denn Wien ist eine der
wenigen Metropolen mit eigenem Weinanbaugebiet. Weiter

geht es im Beisl, dem Wirtshaus, in angesagten Szenekneipen und Bars und im Sommer in den Schanigärten, den zahllosen Straßencafés, -bistros und -restaurants. Und selbstverständlich in den legendären Kaffeehäusern, dem Inbegriff wienerisch-gediegener Gemütlichkeit schlechthin.

Womit wir bei den Klischees angelangt wären. Denn wem fallen zu Wien nicht zuerst die Kaffeehäuser ein? Dazu das Wiener Schnitzel, die Sachertorte, der Fiaker, der Prater, der Opernball – und natürlich Sissi. Tatsächlich soll es maßgeblich der Kaiserin Elisabeth, genannt Sisi (mit nur einem mittigen „s"!), geschuldet sein, dass deutsche Touristen den Löwenanteil unter den knapp acht Millionen Reisenden ausmachen, die die österreichische Hauptstadt alljährlich besuchen und für die 35.000 Gästezimmer mit mehr als 68.000 Betten bereitstehen. Der Tourismus beschert der Stadt einen jährlichen Umsatz von rund 4 Milliarden Euro.

Die Sissi-Filme aus den Fünfzigerjahren weckten eine tiefe und offensichtlich unausrottbare Sehnsucht nach Glanz und Gloria einer scheinbar „guten alten Zeit", und die von der jungen Romy Schneider mit unwiderstehlicher Anmut verkörperte Kaiserin Elisabeth ließ diese Träume zu einem Hochglanzbild kumulieren, das zur Ikone wurde. Klischee hin oder her, in Wien begegnet man Sissi überall, vom Sisi-Museum, das sich noch würdevoll das doppelte „s" erspart, über zahllose Devotionalien an den Souvenirständen bis hin zum Sissi-Sekt. Mit mehr als 800.000 jährlichen Besuchern ist das 2004 eröffnete Sisi-Museum in der Wiener Hofburg tatsächlich eine der meistbesuchten Sehenswürdigkeiten der Stadt.

Wien strahlt auch heute noch die Würde und Pracht jener Kaiserzeit aus. Hochherrschaftlich und ehrfurchtgebietend sind seine Straßenzüge, die Paläste, Kirchen und Häuserzeilen der Innenstadt. Gut 1,9 Millionen Menschen leben in

Wien, in seinem Großraum sogar an die drei Millionen, das ist rund ein Drittel der Gesamtbevölkerung Österreichs. Und doch lässt sich das historische Zentrum bequem zu Fuß erkunden, durchzieht seine Gassen eine gemütvolle Gelassenheit, bewahrt die Weltstadt auf unvergleichliche Weise ein fast dörflich anmutendes Flair.

Es ist die Atmosphäre des „Wiener Schmäh", einer ironisch-zynischen Distanz zu neuzeitlicher Hektik und Entfremdung, eines schlitzohrigen Charmes, der die so typisch wienerische Mischung aus kühler Arroganz und gutherziger Zugewandtheit ausmacht. Dazu gehört der bissige Witz genauso wie die kritische Grundhaltung, die man den Wienern nachsagt. Sie sollen stets darauf bedacht sein, das Haar in der Suppe zu finden, und manche Wiener behaupten sogar, dass gerade die ständige Bereitschaft zur Nörgelei dafür sorge, dass in Wien alles so perfekt sei. Der typische Wiener soll also, um es mit österreichischen Worten zu sagen, ein „grantiger Raunzer" sein. Ob das pauschal gültig ist, maße ich mir nicht an, zu behaupten. Denn ich selbst habe die Wiener als höflich, hilfsbereit und liebenswert kennengelernt.

Akustische Manifestation des Wiener Schmähs ist der unvergleichliche Dialekt, das Wienerische. Dessen herausragendes Merkmal ist die Wiener Monophthongierung, das bedeutet, dass bestimmte Laute aus Doppelvokalen zu einem gedehnten A-Laut zusammengezogen werden. So wird zum Beispiel „ich weiß" zu „i waaß" oder das „Haus" zum „Haas". Die Phonetik klingt insgesamt leicht nasal, die Sprachmelodie singend. Hinzukommen noch etliche weitere Besonderheiten in Aussprache, Grammatik und Vokabular.

Die Vorstellung von den Klangfarben und Ausdrucksweisen des Wienerischen wurde für alle Nicht-Wiener nachhaltig durch den Wiener Film geprägt, ein Genre, das von den späten Zwanziger- bis zu den ausgehenden Fünfzigerjahren des letzten Jahrhunderts seine Blütezeit erlebte. Berühmte Beispiele sind „Hotel Sacher", „Wiener Blut" oder „Die Deutschmeister", wobei letzteres Werk 1955 unter Regie des Wieners Ernst Marischka entstand, dem wir auch die Sissi-Trilogie zu verdanken haben. Die melodischen Klangfarben und eigenwilligen Formulierungsweisen des Wiener Dialekts stellten ein wesentliches Merkmal dieser Filme dar, denn für alle übrigen Deutschsprachigen hört sich das ganz ausgesprochen charmant und, um es noch einmal mit einem österreichischen Wort auszudrücken, „herzig" an.

Den Lauten gaben Darsteller wie Paul und Attila Hörbiger, Willi Forst, Magda Schneider und Hans Moser die zugehörigen Gesichter, auch wenn von ihnen nur Willi Forst und Hans Moser tatsächlich aus Wien stammten. Oft komponierte Robert Stolz die Musik dazu, von ihm stammen Evergreens wie „Im Prater blüh'n wieder die Bäume" oder „Zwei Herzen im Dreivierteltakt". Eine Hymne auf die Stadt schuf Rudolf Sieczyński schon 1912 mit seinem Erfolgssong „Wien, du Stadt meiner Träume". Dieses typische Wienerlied intonierten Berühmtheiten wie Richard Tauber, der österreichische Startenor, aber auch Peter Alexander, ein waschechter Wiener, der wohl wie kaum ein anderer das Klischeebild vom Wiener Charme im deutschsprachigen Fernsehen der Sechziger-, Siebziger- und Achtzigerjahre geprägt hat.

Der Refrain von „Wien, du Stadt meiner Träume" hebt an mit der Zeile „Wien, Wien, nur du allein", womit wir wieder am Anfang angelangt wären. Wie hat wohl das große Wien einst angefangen, und wie konnte es zu der faszinierenden Metropole werden, als die es sich heute präsentiert?

Beginnen wir unseren Spaziergang durch Wien mit einem Blick auf die Geschichte der Stadt. Und versäumen Sie nicht die Bilder aus Wien im Fotoalbum auf meiner Website **www.almutirmscher.de**, welche die Eindrücke aus diesem Buch optisch ergänzen.

Grüß Gott, küss die Hand und habe die Ehre – willkommen in Wien!

Ein Streifzug durch die Jahrtausende – es werde Wien!

Beginnen wir mit der Zeitreise in eine weit zurückliegende Vergangenheit. Dort, wo sich die schroffen Gebirgszüge der Alpen zur weiten Steppe der Pannonischen Tiefebene hin neigen, verläuft schon seit Jahrmillionen die Donau durch ihr Tal. Im Nordwesten schließen sich die Hügelketten des Böhmerwalds an, im Nordosten liegt die Niedere Tatra, ein Ausläufer der Karpaten mit bis zu 2.000 Meter hohen Bergen. Dazwischen liegt die Böhmisch-Mährische Hochfläche, die dank ihrer geringeren Höhe und ihrer sanfteren Erhebungen wesentlich leichter zu durchwandern ist als die umliegenden Gebirge. Damit öffnet sie den Weg nach Norden, und die von Westen nach Osten fließende Donau erschließt diese beiden anderen Himmelsrichtungen. Just dort, wo sich diese Wege kreuzen, schafft die Pannonische Tiefebene den ersten Zugang nach Süden östlich der Alpen.

Hier befindet sich das Wiener Becken, und da, wo die Donau in sein weites Flachland einfließt, fächert sie sich in zahlreiche mäandernde Arme mit dazwischenliegenden Inselchen auf. Das bedeutet, dass der Fluss hier viel leichter zu überqueren ist als weiter westlich, wo er sich als mächtiger Strom durch sein Tal wälzt. Wer auch immer am Ufer des Flusses unterwegs war oder auf der Nord-Süd-Achse reiste, nutzte diese Gelegenheit. Seit Menschengedenken kreuzen sich deshalb wichtige Verbindungspfade im Wiener Becken.

Dank archäologischer Funde wissen wir, dass die hier befindlichen Weggabelungen schon in der Altsteinzeit genutzt wurden. Die Besiedelung des Wiener Beckens erfolgte schließlich in der Jungsteinzeit durch indogermanische Bauern. Die Geschichte Wiens beginnt deshalb vor rund 6.000 Jahren.

Auch die guten klimatischen Bedingungen und der fruchtbare Sedimentboden des Wiener Beckens begünstigten den Standort. Einen ganz wesentlichen Anlass für die frühe Besiedlung haben aber mit Sicherheit die reichen Vorkommen von Hornstein im hiesigen Untergrund gegeben. Genau wie Feuerstein ist dieser sehr fest und bildet, wenn man ihn spaltet, scharfe Kanten aus. Klingen und Speerspitzen aus diesem Material besaßen für die Menschen der Steinzeit einen überlebenswichtigen Wert, mit der begehrten Ware ließ sich zudem ausgezeichnet Handel treiben.

Spätestens ab der Bronzezeit gehörte die an der Siedlung vorbeiführende Nord-Süd-Route zum Fernwegenetz der Bernsteinstraße. Der kostbare Bernstein gelangte auf dieser Strecke von der Ostsee bis in den Mittelmeerraum, und nebenbei wechselten unterwegs auch so manch andere Waren ihre Besitzer. Vom lebhaft florierenden Handel am bronzezeitlichen Verkehrsknotenpunkt profitierte natürlich auch die Siedlung am Donauufer. Gräber, Knochen, Werkzeuge und die Spuren von Häusern verraten etwas von diesem vorgeschichtlichen Leben im heutigen Wien.

Im ersten vorchristlichen Jahrtausend entwickelte sich allmählich ein befestigtes keltisches Dorf. Über dessen Namen lassen sich nur Vermutungen anstellen, denn es gab noch keine schriftlichen Aufzeichnungen. Doch das Dorf gehörte zum keltischen Königreich Noricum, das durch einen Freundschaftsvertrag mit dem Römischen Reich 113 v. Chr. die Bühne der Weltgeschichte betrat.

Kurz nach der Zeitenwende änderte sich die Situation gravierend. Denn aus der Zusammenarbeit zwischen Kelten und Römern erwuchs der Anschluss Noricums an das mächtige Römische Reich. Die Römer gliederten die Siedlung am Donauufer in ihre Provinz Pannonia ein. Sie errichteten dort ein Militärlager, um die Grenzen zu sichern, denn natürlich erkannten auch sie die geografischen Vorteile des Standorts. Die Legionäre mussten in der Fremde nicht allein und verlassen hausen, weil neben dem Lager nun eine Stadt entstand. Diese Ansiedlung erhielt den Namen Vindobona. Das ist die lateinische Adaption der keltischen Wörter für „weiß" und „Siedlung", die frühere Bezeichnung der keltischen Ortschaft wird also ganz ähnlich geklungen haben. Vermutlich hieß sie Vedunia.

Eine mit Wachtürmen bestückte Mauer und ein Wassergraben umgaben das Militärlager von Vindobona. Die Spuren dieser Befestigung lassen sich anhand von Straßennamen wie „Graben" und „Tiefer Graben" noch heute in der Wiener Altstadt erkennen.

Das historische Zentrum wird inzwischen als „1. Bezirk" bezeichnet. Weil Wien nämlich seit der Zeit der Römer so enorm gewachsen ist, unterteilt man es heute in 23 Gemeindebezirke, um den Überblick nicht zu verlieren. Der 1. Bezirk ist die Innere Stadt, die aus dem römischen Militärlager entstand. Der 2. Bezirk ist die Leopoldstadt, die östlich davon zwischen Donaukanal und Donau liegt. Der 3. Bezirk, genannt Landstraße, schließt südöstlich an den ersten an. Hier befand sich damals die römische Stadt, in der die Frauen und Kinder der Legionäre lebten, außerdem Händler und Handwerker mit ihren Familien. Nach unserem kurzen Exkurs in die moderne Verwaltungspolitik kehren wir nun flugs wieder zu diesen Römern zurück.

Mit der Zeit wuchs die Bedeutung von Vindobona, bis es schließlich sogar römisches Stadtrecht erhielt. Doch das Römische Reich ging unter, und mit dem Einsetzen der Völkerwanderung im 5. Jahrhundert kam auch das Ende der aufstrebenden Stadt. Vermutlich fiel sie einer verheerenden Feuersbrunst zum Opfer. Nur eine Handvoll Siedler nutzten die Trümmer und bauten daraus eine kleine Restsiedlung auf, deren Zentrum eine Art Gutshof bildete. Während des ganzen frühen Mittelalters bestand Wien aus nichts als diesem winzigen Weiler. Im 8. Jahrhundert konnten dessen Bewohner sich immerhin eine Kirche leisten, sie begründeten die Ruprechtskirche, heute die älteste Kirche von Wien. Im Lauf der Jahrhunderte ist sie mehrfach um- und ausgebaut worden, und schon 1147 musste sie ihre Pfarrechte an den Stephansdom abtreten.

Doch vielleicht war es gerade der Ruprechtskirche zu verdanken, dass der kleine Flecken nun an Bedeutung gewann. Handwerker und Händler ließen sich nieder, eine Stadtmauer entstand. Den alten Gutshof löste eine Herzogsburg ab, die aus einem Gebäudekomplex rings um einen freien Platz bestand. Dort fanden bereits im 12. Jahrhundert glanzvolle Veranstaltungen statt, es gab Ritterturniere und Volksfeste, Kaiser Barbarossa erschien zum Empfang, Walther von der Vogelweide schlug die Laute zum Minnesang. Seit 1340 finden an dieser Stelle Märkte statt, seit dem 19. Jahrhundert auch der Christkindlmarkt. In Wien gastierende Päpste spendeten hier ihren Segen, und hier stand die Litfaßsäule, durch die man im Film „Der dritte Mann" in die Unterwelt der Wiener Kanalisation gelangte. Als in den Sechzigerjahren eine Tiefgarage unter dem Platz ausgeschachtet wurde, entdeckte man Reste der römischen Siedlung. Wenn auch der Herzog und sein Hof schon im 13. Jahrhundert in die Hofburg umsiedelten, so behielt der Platz doch bis heute seinen Namen: „Am Hof".

Der Grund für den herzoglichen Umzug fand sich in der zunehmenden Enge der wachsenden Stadt. Für einen angemessenen Ausbau der Burg benötigte man einfach mehr Platz, und der bot sich am Südrand der Stadtbefestigung. Mit den Jahren dehnte sich die Hofburg immer weiter aus, ihre Trakte entstanden in den unterschiedlichsten Epochen und spiegeln noch heute deren jeweiligen Stil und Geschmack.

Wie rasant die Stadtexpansion nun vonstattenging, kann man daran ermessen, dass der Stephansdom bei seiner Gründung 1137 noch außerhalb der Stadtmauern lag. Doch schon am Ende des gleichen Jahrhunderts entstanden neue Mauern, die ein wesentlich größeres Terrain umfassten. Dafür, dass der damalige Herzog Leopold V. ein solches Großprojekt in Angriff nehmen konnte, gab es einen guten Grund. Denn Leopold ließ Richard Löwenherz, dessen Rückweg vom Dritten Kreuzzug ihn kurz vor Weihnachten 1192 in Wien vorbeiführte, kurzerhand festnehmen und in Absprache mit dem Kaiser des Heiligen Römischen Reichs auf Burg Dürnstein westlich der Stadt gefangen setzen. Für die prominente Geisel wurde ein überaus stattliches Lösegeld ausgehandelt, Leopold und der Kaiser strichen davon jeweils die Hälfte ein.

Mithilfe dieses Geldes konnte Leopold nicht nur die neue Stadtmauer finanzieren, sondern auch eine Münzprägestätte gründen. Wien wuchs, stieg zu Wohlstand auf, erhielt Stadtrechte und obendrein auch noch das Stapelrecht. Das bedeutete, dass von nun an alle Händler, die hier vorbeikamen, ihre Waren zum Verkauf anbieten mussten, bevor sie weiterziehen durften. Straßennamen wie Bauernmarkt, Fleischmarkt, Getreidemarkt, Kohlmarkt, Neuer Markt oder Hoher Markt erzählen noch heute vom damaligen Geschäftsleben in der

Stadt. Der Zwischenhandel blühte, vielversprechende Kontakte wurden geknüpft, und ehe man sich's versah, war aus Wien eine der wichtigsten Städte des Heiligen Römischen Reichs geworden.

Mit der Infrastruktur sah es allerdings noch nicht so glanzvoll aus. Es existierte keine Kanalisation, aller Unrat landete auf den Straßen, wo sich auch Haustiere wie Schweine und Hühner tummelten. Wasser musste aus Brunnen geschöpft werden, in öffentlichen Badestuben saßen Bürger, die sich waschen wollten, gemeinsam in großen Holzbottichen. Die Hausbesitzer waren verpflichtet, auf eigene Kosten allabendlich Öllaternen zu entzünden, um die schummrigen Gassen zu beleuchten. Oft kam es zu Bränden, und die Donau, noch ungebändigt in zahlreiche Arme verzweigt, trat immer wieder über ihre Ufer und verursachte Überschwemmungen. Erst ab dem 16. Jahrhundert erhielten die Straßen nach und nach ein Pflaster, entstanden erste Wasserleitungen. Diese Verbesserungen mögen auch dadurch bedingt gewesen sein, dass der Kaiser nach den Wirren der Reformationszeit im Jahr 1558 seinen Sitz in Wien nahm.

Schon 1529 hatten allerdings mit der Ersten Wiener Türkenbelagerung die Probleme mit den Osmanen begonnen. Nach der Eroberung des Balkans war das Osmanische Reich inzwischen so weit expandiert, dass seine Grenzen für die Dauer von 200 Jahren nur 150 Kilometer östlich von Wien verliefen. Und die Osmanen zeigten unverhohlenes Interesse daran, ihr Hoheitsgebiet noch wesentlich weiter auszudehnen.

Trotz dieser Gefahr ging es mit der Stadtentwicklung nun Schlag auf Schlag. Das Mittelalter war vorbei, die wohlhabenden Wiener machten endgültig Schluss mit Schmutz und Mief. Die ganze Stadt verwandelte sich in eine einzige Großbaustelle. Die windschiefen Häuser verschwanden und machten Platz für vornehme Stadtpalais und zeitgemäße Wohngebäude. Niemand durfte mehr seinen Abfall auf den Straßen entsorgen, Dachrinnen sorgten dafür, dass auch das Regenwasser in geordneten Bahnen ablief, die Kanalisation entstand. Während des Dreißigjährigen Krieges stand Wien mehrfach im Zentrum kriegerischer Auseinandersetzungen. Als der Krieg beendet war und schließlich die Osmanen nach der Zweiten Wiener Türkenbelagerung im Jahr 1683 endgültig zurückgeschlagen wurden, entfiel die ständige Bedrohungslage. Nun stand Wiens weiterem Aufstieg vorerst nichts mehr im Wege. Barocke Pracht hielt Einzug, beispielsweise mit Schloss Belvedere im 3. Bezirk. Bedeutende Musiker zog es in die Stadt, die Epoche der Wiener Klassik brach an. Wien stieg zum europäischen Kulturzentrum auf.

Der Kaiserin Maria Theresia wurde es schließlich in der dicht bewohnten Innenstadt zu eng. Mitte des 18. Jahrhunderts ließ sie draußen im Grünen des heutigen 13. Stadtbezirks ein früheres Jagdschloss zu Schloss Schönbrunn umbauen, umgeben von einem riesigen Park. Ihr Sohn Joseph II. wollte auch der weniger privilegierten Bevölkerung etwas Gutes tun und öffnete sein östlich des Zentrums gelegenes privates Jagdgebiet für die Allgemeinheit. So entstand der Prater.

Zu Beginn des 19. Jahrhunderts fiel das Heilige Römische Reich. Deshalb entstand 1804 das Kaisertum Österreich, das 1867 durch den Staatenverband mit Ungarn zur k. u. k. Doppelmonarchie aufstieg. Der Habsburger Monarch war damit nicht länger nur Kaiser von Österreich, sondern gleichzeitig auch König von Ungarn, „k. u. k." steht somit für „kaiserlich und königlich".

Vor den Stadtmauern Wiens waren in der Zwischenzeit auch die Vorstädte gewachsen. Handwerker und Unternehmen hatten sich dort angesiedelt, und im Zeitalter der Industrialisierung wurden es immer mehr. Mietskasernen mit kleinen, billigen Arbeiterwohnungen wurden eilig hochgezogen und drängten sich dicht an dicht. Ganz offensichtlich fehlte es der Stadt an Platz.

Der junge Kaiser Franz Joseph I. entschloss sich zu rigorosen Maßnahmen. Mitte des 19. Jahrhunderts veranlasste er den Abriss von Stadtmauern und Bastionen. Seit es 1830 zu einer verheerenden Überschwemmung gekommen war, hatte man außerdem die Notwendigkeit diskutiert, die Donau endlich einzuhegen und zu regulieren. Jetzt ließ der Kaiser ihre Seitenarme zuschütten, abseits der Stadt entstand ein schnurgerader Hauptstrom. Lediglich ein Nebenlauf im inneren Stadtbereich blieb erhalten, allerdings in einem gut gesicherten Bett: der Donaukanal.

Durch diese Maßnahmen gewann die Stadt beachtliche Freiräume, erneut starteten überall Großbauprojekte. Mit der Ringstraße wurde ein glanzvoller Boulevard angelegt. Zudem entstanden die Gründerzeitgebäude, die das Antlitz der Stadt so nachhaltig prägen sollten. Klassizistische Säulen und Friese schmückten die Fassaden der repräsentativsten Bauwerke. Statuen von Atlanten und ihren weiblichen Gegenstücken, den Karyatiden, ersetzten simple Stützpfeiler in den Fassaden. Und allerorts prangten Löwenköpfe oder fantasievolle Fabelwesen. Auf elektrische Straßenbeleuchtung und Straßenbahnen folgte schließlich die U-Bahn. Und um die Wende zum 20. Jahrhundert erlebte die Stadt mit der „Wiener Moderne" einen neuen kulturellen Gipfel, Architektur, Malerei, Musik, Literatur, Philosophie und Wissenschaften erlebten glanzvolle Höhenflüge.

Diese Epoche endete mit dem Ersten Weltkrieg. Die Regentschaft der Habsburger, die seit dem späten Mittelalter bestanden hatte, ging zu Ende, Österreich wurde Republik. Die gewählten Stadtpolitiker schafften nun mit den Gemeindebauten günstigen Wohnraum, der endlich auch den weniger betuchten Stadtbewohnern den Komfort von Küche und eigenem Badezimmer bot. Bis zum Zweiten Weltkrieg entstanden 65.000 solcher Wohnungen in 382 Gemeindebauten, die aufgrund ihrer kompakt um ruhige Innenhöfe gestalteten Bauweise Architekturgeschichte schrieben.

In der Zeit des Naziregimes nach dem „Anschluss" Österreichs im Jahr 1938 veränderte sich Wien erneut, und nicht zum Guten. 100.000 jüdische Wiener wurden ermordet, rund ein Fünftel der Stadt zerfiel bei den Bombenangriffen des Zweiten Weltkriegs in Schutt und Asche. Der Wiederaufbau der historischen Gebäude und insbesondere der Wahrzeichen Wiens bildete den zentralen Schwerpunkt der frühen Nachkriegszeit. Auch das Projekt der Gemeindebauten wurde wiederbelebt, inzwischen besitzt die Stadt mehr als 2.300 solcher Gebäude mit rund 220.000 Wohnungen, in denen über 500.000 Menschen leben.

Nun sind wir nach einem langen Exkurs durch die Stadtgeschichte endlich im Wien unserer Tage angekommen. Bevor wir zu dessen Erkundung aufbrechen, haben wir uns eine kleine Pause bei einem Tässchen Kaffee wohl redlich verdient!

Topfenpalatschinken

Zutaten für 4 Personen:

ca. 300 ml Milch
150 g Mehl
6 Eier
350 g Quark (Topfen, 20 % Fettgehalt)
200 g Zucker
80 g Rosinen
40 g Butter

die dünn abgeraspelte Schale einer unbehandelten Zitrone
1 Pck. Vanillezucker
2 cl Rum
Puderzucker zum Bestäuben
Butter zum Braten und Einfetten
Salz

Zubereitung:

Die Rosinen mit dem Rum beträufeln und kurz durchziehen lassen. 40 g Butter mit 100 g Zucker schaumig schlagen, die Zitronenschale unterrühren. 2 Eier in Eiweiß und Eigelb trennen, die Eigelbe zusammen mit Quark und Rosinen verrühren. Die Eiweiße mit einer Prise Salz sehr steif schlagen und unterheben.

Das Mehl mit 150 ml Milch, 3 Eiern, 50 g Zucker und 1 Prise Salz vermischen und nach und nach Milch hinzugießen, bis ein dünnflüssiger Teig entstanden ist. Etwas Butter in einer Pfanne erhitzen und gleichmäßig darin verteilen. Eine kleine Menge Teig mit einem Schöpflöffel hineinfüllen und rasch so verteilen, dass eine dünne Teigschicht den Pfannenboden bedeckt. Von beiden Seiten goldgelb backen und so weiterverfahren, bis aller Teig verbraucht ist. Sollte der Teig währenddessen zu dick werden, etwas Milch nachgeben. Die fertig gebackenen Pfannkuchen jeweils ca. 1 cm dick mit der Quarkfüllung bestreichen, zusammenrollen und nebeneinander in eine mit Butter eingefettete Auflaufform legen.

150 ml Milch mit 1 Ei, 50 g Zucker und dem Vanillezucker gut verquirlen und über die Palatschinken gießen. Die
Auflaufform in den auf 180°C vorgeheizten Backofen stellen und 30-35 Minuten backen, bis die Oberseite goldgelb
ist. Herausnehmen, mit Puderzucker bestäuben und sofort
servieren.

Pfannkuchen sind schon seit der Zeit der alten Römer
bekannt und haben die Geschichte Wiens daher wohl schon
seit mindestens 2.000 Jahren begleitet. Die Bezeichnung
„Palatschinken" (Singular: Palatschinke) geht auf das lateinische Wort für Kuchen – placenta – zurück.
   Trotzdem wurden die Pfannkuchen erst nach einem
sprachlichen Umweg über slawische Gebiete und Ungarn
zu Palatschinken (ungarisch: palacsinta). In österreichischen
Kochbüchern tauchen sie unter dieser Bezeichnung nämlich
erst nach der Verbindung mit Ungarn während der k. u.
k. Monarchie auf. Zuvor hießen sie einfach nur Eierkuchen.
In der Wiener Küche sind sie äußerst beliebt. Es gibt sie mit
unterschiedlichen Füllungen, die sowohl süß wie auch herz-
haft sein können.

Kaffee – immer eine gute Idee

Es gibt die vielfältigsten Möglichkeiten, Wien mithilfe eines kundigen Guides zu entdecken. Von klassischen Stadtbesichtigungen reicht das Spektrum über Rundgänge zu den Themen Musik, Kunst, Religion, Medizin, Monarchie und Humor bis hin zu Grusel oder Skandal. Ich habe mich für eine kulinarische Führung entschieden, und dazu bin ich mit Lisa verabredet. Sie ist eigentlich Ungarin, lebt aber schon seit 30 Jahren in Wien und kennt sich deshalb bestens aus.

Unser Treffpunkt ist ein Kaffeehaus am Rand der Wiener Altstadt. Kaffeehäuser sind in Wien eine Institution, seit 2011 gehören sie sogar zum immateriellen Kulturerbe der UNESCO. Deshalb gibt es weit über 1.000 Cafés in Wien, und eine ganze Reihe davon kann auf eine lange Historie zurückblicken. Manche warten sogar noch mit der Originaleinrichtung auf oder zumindest einer Nachempfindung im ursprünglichen Stil, zum Beispiel das berühmte Café Central in der Herrengasse, das 1876 eröffnet wurde. Unter seinem säulengestützten Deckengewölbe schlürften schon Siegmund Freud, Hugo von Hofmannsthal, Arthur Schnitzler und Stefan Zweig ihren Kaffee, es gab zeitweise 250 Tageszeitungen in 22 verschiedenen Sprachen. Denn im Kaffeehaus wurde nicht nur geplaudert und angeregt debattiert, hier informierte man sich auch über die neuesten politischen und kulturellen Geschehnisse.

Die Liste traditionsreicher Kaffeehäuser lässt sich fast beliebig fortsetzen. Da gibt es das Café Diglas an der Wollzeile, dem Prominenz von Franz Lehár bis O. W. Fischer den Vorzug gab, oder das Café Frauenhuber in der Himmelpfortgasse, in dessen Vorläuferlokal einst Mozart und Beethoven persönlich zum Konzert aufspielten. Das Künstlercafé Hawelka liegt in der Dorotheergasse, in den Sechzigerjahren des letzten Jahrhunderts stieg es zum beliebten Treffpunkt von Kulturschaffenden auf. Hier kehrten Friedensreich Hundertwasser, Alfred Hrdlicka oder André Heller ein, in Songtexten wurde das Café sowohl von Georg Danzer als auch von Kraftwerk verewigt.

Stadtbekannt ist das Landtmann am Universitätsring, das neben Siegmund Freud auch Thomas Mann, Marlene Dietrich und Cary Cooper frequentierten. Der Schriftsteller Graham Greene verkehrte am liebsten im Café Mozart am Albertinaplatz. Er verfasste das Drehbuch zu „Der Dritte Mann", der Außenbereich, also der Schanigarten des Cafés, angeblich der allererste der Stadt, diente als eine Kulisse des Films. Zwischen den Marmortischen des Café Ministerium am Stubenring entstanden hingegen Szenen für „Tatort" und „Kommissar Rex". Und zu Beginn der Nazizeit aus Deutschland geflohene Künstler kamen im Café Prückel am Dr.-Karl-Lueger-Platz zusammen, das heute unter Denkmalschutz steht.

Im 6. Bezirk findet sich das renommierte Café Sperl, einst Treffpunkt einer bunten Mischung aus Künstlern und Militärs, weil ganz in der Nähe die k. u. k. Kriegsschule lag. Das Sluka am Rathausplatz dürfte sich sogar „k. u. k. Hoflieferant" nennen, denn hier hat einst Kaiserin Sissi (die echte) persönlich eingekauft. Später kamen österreichische Bundespräsidenten, Bundeskanzler und Bürgermeister von Wien, denn die Spezialitäten des Hauses wie Slukatorte, Dobostorte und Maria-Theresia-Torte gelten als verführerische Leckereien.

Zu vergleichbar hohem Rang schwang sich auch die 1786 gegründete Konditorei Demel am Kohlmarkt auf, die zum k. u. k. Hofzuckerbäcker avancierte. Neben den kandierten Veilchen, der Legende nach die Lieblingsnascherei Sissis, ist hier besonders die hauseigene Sachertorte berühmt. Allerdings erfand Franz Sacher die weltberühmte Torte, das Aushängeschild des Hotels Sacher in der Philharmonikerstraße. Und selbstverständlich kann man sie auch dort im Café genießen.

Doch Sachers Sohn Eduard vollendete die Torte erst während seiner Ausbildung im Demel zu ihrer heutigen Form. Im Unterschied zur Torte des Hotels wird beim Demel auf die mittige Schicht Marillenmarmelade verzichtet. Um die zulässige Bezeichnung tobte jahrelang ein Rechtsstreit zwischen Sacher und Demel, nach einer Einigung gibt es nun im Hotel Sacher die „Original Sacher-Torte", bei Demel war lange die „Eduard-Sacher-Torte" erhältlich, die mittlerweile schlicht „Demels Sachertorte" heißt. Und natürlich bietet auch Demel ein Café, es ist mit exklusivem Mahagoniinterieur gestaltet.

Lisa aber hat mich ins Café Schwarzenberg bestellt, das ebenfalls im 1. Bezirk liegt. Vielleicht, weil es das älteste Café an der Ringstraße ist. Hier sitzt man noch auf Stühlen, die Ende des 19. Jahrhunderts geschreinert wurden, und die restliche Einrichtung ist genauso alt. Ein anderer Grund mag darin liegen, dass Lisa mir später noch den Naschmarkt zeigen will, und der ist zu Fuß nur zehn Minuten von hier entfernt. Aber erst mal eine schöne Tasse Kaffee!

Hinter großen Bogenfenstern in der Fassade des Gründerzeithauses liegt der dunkel getäfelte Innenraum, wo sich kleine Tischchen unter einem hohem Deckengewölbe schnurgerade aneinanderreihen. Suchend streift mein Blick die Besucher, um dann beim wohlfrisierten Grauschopf einer Dame in den Fünfzigern hängenzubleiben. Sie sitzt in einer Fensternische und ist in die Lektüre einer Tageszeitung vertieft. Stilecht ist letztere in einen hölzernen Zeitungsstock eingespannt. Wundervoll, genauso hatte ich mir das vorgestellt!

Als ich näherkomme, blickt sie von ihrer Zeitung auf und lächelt. „Nehmen S' Platz", lädt sie mich ein, nachdem wir uns kurz miteinander bekannt gemacht haben, und weist auf den freien Stuhl ihr gegenüber. Schon hebe ich an, mich über die Zeitung auszulassen, die doch so typisch sei, da winkt sie ab. Die Zeitungen gebe es zwar noch immer, doch spielten sie im Kaffeehaus längst nicht mehr die herausragende Rolle vergangener Tage. Auch die Gäste der Kaffeehäuser schauen schließlich heutzutage eher aufs Display ihres Smartphones.

Sie lacht, als sie meine Enttäuschung bemerkt, und lenkt ab, indem sie erst einmal zur Bestellung rät. Zumal die Bedienung inzwischen herbeigekommen ist, was soll's denn sein? Kaffee, natürlich, aber was für einer? Etwas ratlos greife ich zur Karte und blicke hilfesuchend zu Lisa. Sie bittet die Bedienung, uns noch einen kleinen Moment zu geben, dann beginnt sie mit ihren Erläuterungen. Denn das ist ja schließlich ihr Job als kulinarischer Guide!

„Es gibt in der Wiener Kaffeehaustradition an die 50 verschiedene Zubereitungsformen von Kaffee", lässt sie mich wissen. „Mit einer einfachen Tasse Brühkaffee gibt sich hier kaum jemand zufrieden. Sie müssen sich also überlegen, worauf Sie Lust haben. Soll der Kaffee süß sein oder eher herb? Mit Milch, Milchschaum, Sahne oder gar mit alkoholischem Schuss?"

Längst habe ich die Karte aufgeschlagen, die mit einem Streifzug durch die Geschichte des Hauses auf den Kaffeegenuss einstimmt. Schlaglichtartig trifft mein flüchtiger Blick auf Zahlen wie 1861 oder 1945, auf Offiziere der Sowjetarmee, von deren Feiern demoliertes Mobiliar und ein Spiegel mit

Einschusslöchern zurückblieb. Hastig blättere ich weiter, denn ich soll ja eine Entscheidung treffen.

Ich übergehe ein paar Seiten, auf denen es ums Essen geht, und lande endlich in der Rubrik „Kaffeehaus". „Kaffeehausgäste sind Emigranten, die auf der Flucht vor dem Alltag zu uns ins Exil kommen", lese ich. Hier scheine ich richtig zu sein!

Doch nun geht's erst richtig los. Drei Seiten mit Kaffeespezialitäten! Nicht alles verstehe ich auf Anhieb, deshalb ist die jeweils blass gedruckte englische Übersetzung in diesem Fall sehr hilfreich. „Ein kleiner Schwarzer ist also ein Espresso", schlussfolgere ich, aber sogleich fällt mir Lisa ins Wort. „Naa," schüttelt sie energisch den Kopf, „so kann man das nicht sagen. Die Basis des traditionellen Wiener Kaffees ist der Mokka, und der wird in einer Seihkanne gefiltert. Dazu nimmt man in Wien meist eine Karlsbader Kanne, die ist bauchig und aus weißem Porzellan. In den Brühaufsatz gibt man grob gemahlenen Kaffee und übergießt ihn mit heißem Wasser. Weil kein Filterpapier verwendet wird, bleiben die Aromen dabei völlig unverfälscht. Mahlt man die Bohnen aber zu fein, dann rutscht der Kaffeesatz durch. Da muss man schon aufpassen!" Sie spitzt die Lippen etwas indigniert. „Nun ja, aber viele Cafés benutzen der Einfachheit halber heutzutage eine Espressomaschine."

Ich erspare mir eine Bemerkung wie: „Also doch!", und lese weiter. Gibt man Sahne hinzu, dann wird aus „Kleiner Schwarzer" ein „Kleiner Brauner", und verdoppelt man die Kaffeemenge, erhält man „Großer Schwarzer" beziehungsweise „Großer Brauner". Das verstehe ich. Aber als Nächstes wird „Wiener Melange" angeboten. Was ist das denn nun wieder?

„Wiener Melange gibt es seit 1830", erklärt Lisa. „Das ist der Klassiker schlechthin, Kaffee mit Milch und einem Häubchen aus Milchschaum." „Prima", werfe ich schnell ein, „das nehme ich!" Denn ich will die Geduld der Bedienung nicht länger strapazieren.

Zur Auswahl hätte noch „Verlängerter Kaffee" gestanden, das ist ein Mokka mit Wasser. Außerdem „Kaffee Verkehrt", der in erster Linie aus geschäumter Milch besteht, oder „Einspänner", ein Mokka im Glas mit Schlagsahne obendrauf, besser gesagt „Schlagobers", wie das hier in Österreich heißt. Nimmt man Schlagobers statt Milchschaum, wird aus der Melange ein „Franziskaner", und der „Kapuziner" ist keinesfalls die österreichische Variante des Cappuccino, sondern Mokka in der Tasse mit Schlagobers.

„Das Schlagobers färbt den Kaffee, sodass er die Farbe einer Kapuzinerkutte annimmt", doziert Lisa. „Mit der Haube auf dem Kaffee hat der Name gar nichts zu tun, obwohl das ja viele glauben. Das Ganze ist eine österreichische Erfindung. Aber irgendwann, als einmal österreichische Soldaten in Italien stationiert waren, da wollten sie ihren gewohnten Kapuziner trinken, und die Italiener haben daraus dann den Cappuccino gemacht." Schmunzelnd fügt sie hinzu: „Es verhält sich also genau umgekehrt, als Sie dachten!"

Bevor ich mich nun weiter in der Karte mit ihren Kaffeespezialitäten verliere, lasse ich mir lieber von Lisa etwas über die Wiener Kaffeehauskultur berichten. „Da fang ich mal mit der Geschichte der Kaffeehäuser an, und die beginnt 1683 mit der Zweiten Türkenbelagerung", eröffnet Lisa. Puh, denke ich, schon wieder Geschichte…

Doch Lisa lässt sich nicht beirren. „Als die Türken abgezogen waren, ließen sie ein paar Säcke mit offensichtlich völlig ungenießbaren Bohnen zurück. Kamelfutter, dachten die Wiener, und wollten das Zeug verbrennen. Doch dabei roch es so gut! Und als sie schnell mit Wasser löschen wollten, da hatten sie ihren ersten Kaffee aufgebrüht!" Sie grinst und verrät dann, dass die hübsche Geschichte wohl nichts als eine Legende sei. Doch tatsächlich entstand das erste Wiener Kaffeehaus in jener Zeit. Das neuartige Getränk fand schnell großen Anklang bei den Wienern, und so schossen die Kaffeehäuser schon bald wie Pilze aus dem Boden. Zunächst hatten aber nur Männer Zutritt, Damen ließ man bestenfalls in Begleitung eines Herren hinein. Dort wurde nämlich auch geraucht und gespielt, was als ziemlich anrüchig galt.

Dabei kam man aber ins Gespräch, und so entwickelte sich das Kaffeehaus zum beliebten Treffpunkt von Intellektuellen, Künstlern und Literaten. Hier saß man stundenlang beisammen und führte anregende Unterhaltungen, las die Zeitung, spielte Karten oder schrieb ungestört an einem ruhigen Ecktisch und brauchte im Zweifel doch nicht mehr als eine günstige Tasse Kaffee zu konsumieren.

Die Einrichtung variierte von plüschiger Fülle bis zu kühler Schlichtheit. Besonders beliebt waren die Stühle aus der Werkstatt des Tischlermeisters Michael Thonet. Er stammte aus Boppard, kam aber auf Einladung des Fürsten Metternich nach Wien und machte dort Karriere. Seine legendären Stühle bestehen aus einem schlanken, dampfgebogenen Holzgestell, oft mit Korbgeflecht als Sitz und Rückenlehne. Noch heute sind sie als „Wiener Stuhl" bekannt und beliebt.

Zahlreiche Kaffeehäuser boten ihren kulturell interessierten Gästen ein entsprechendes Rahmenprogramm, von Klavierabenden und Lesungen bis hin zu Theaterdarbietungen. Im 19. Jahrhundert zogen Billardtische in die Kaffeehäuser ein und erfreuten sich für eine Weile größter Beliebtheit. Um die Wende zum 20. Jahrhundert entwickelten sich dann mehr und mehr Literatencafés, prominentes Beispiel ist das Café Museum in der Operngasse. Dessen Innengestaltung kreierte Alfred Loos, der als ein Wegbereiter der modernen Architektur gilt. Nicht jedem gefiel sein schnörkelloser Stil, manche Zeitgenossen schimpften das Kaffeehaus „Café Nihilismus". Und dennoch entwickelte es sich zum Stammlokal von Persönlichkeiten wie Oskar Kokoschka, Elias Canetti oder Gustav Klimt.

Zum Kaffee wird in den klassischen Wiener Kaffeehäusern immer ein Glas Wasser serviert. Diese Sitte geht auf die jahrhundertelange Erfahrung passionierter Kaffeetrinker zurück: Kaffee verstärkt die Bildung von Magensäure, trinkt man ein Glas Wasser dazu, wird dieser Effekt neutralisiert und der Genuss somit bekömmlicher.

Und natürlich offerieren die Kaffeehäuser nicht bloß Kaffee, es gibt auch andere Getränke und allerlei Schmankerl wie Kuchen, Torten und Gebäck. Viele servieren außerdem kleine und größere Mahlzeiten gegen den Hunger. Den ich allmählich auch verspüre. Doch Lisa lässt mich nichts mehr bestellen. Sie winkt der Kellnerin und verlangt die Rechnung. „Lassen Sie uns mal lieber zum Naschmarkt aufbrechen, heute bekommen wir noch genug zu essen!"

Kaffeespezialitäten aus Wien

Fiaker:
Einen großen Schwarzen zuckern, 2 cl Kirschwasser, Sliwo-
witz oder Rum hinzugeben und umrühren.

Obermayer:
Über die Rückseite eines Kaffeelöffels sehr kalte, flüssige
Sahne in einen großen Schwarzen laufen lassen.

Maria Theresia:
Einen großen Schwarzen mit einem Schuss Orangenlikör
vermischen und Schlagobers daraufgeben.

Othello:
In einen dickwandigen Becher zunächst heiße Schoko-
lade füllen, dann einen kleinen Schwarzen daraufgießen.
Die beiden Flüssigkeiten sollen sich nicht vermischen. Nach
Wunsch mit Schokoladenflocken garnieren und mit einem
Strohhalm trinken.

Überstürzter Neumann:
Schlagobers in eine leere Tasse geben und mit heißem
Schwarzen übergießen.

Ungarischer Kaffee:
Stark gesüßten Schwarzen auf Eis kühlen und mit ebenfalls
eiskaltem Schlagobers im Glas servieren.

Weißer mit Haut:

Heller Milchkaffee, für den aufgekochte, aber nicht verrührte Milch verwendet wird. Beim Abkühlen soll sich eine Milchhaut darauf gebildet haben.

Almkaffee:

Auf 2 Drittel Schwarzer kommt 1 Drittel Milch. Die Milch mit Zucker (nach Geschmack), Gewürznelke, Vanilleschote und Zimtrinde aufkochen, danach 5 Minuten ziehen lassen. Pro Tasse ein schaumig geschlagenes Eigelb mit 2 cl Obstler und 2 cl Rum vermischen. Die Milch durch ein Sieb hinzugießen, mit Schwarzem auffüllen und mit einer Haube aus Schlagobers garnieren.

Kosakenkaffee:

Pro Tasse werden 75 ml Rotwein mit 30 g Zucker erhitzt (aber nicht aufgekocht). Einen kleinen Schwarzen und 2 cl Wodka hinzugeben und in einem Glas mit Henkel servieren.

Katerkaffee:

Starker Schwarzer wird mit Würfelzucker gesüßt, den man an der Schale einer unbehandelten Zitrone gerieben hat.

Als „Schwarzen" verwendet man Mokka oder Espresso.

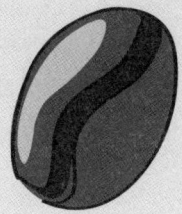

Schwelgerei bis zum Abwinken – Wien kulinarisch

Sprachlos betrachte ich das bunte Treiben. Ein Gewusel von Menschen unterschiedlichster Provenienz, lachend und plaudernd in Grüppchen zusammenstehend oder gemächlich schlendernd, während sich weniger entschleunigte Zeitgenossen eilig durch die Reihen hindurchdrängen. Einige sind mit prall gefüllten Körben beladen, andere beißen versonnen in einen Snack, und gleich neben mir hat jemand das Smartphone zum Selfie gezückt.

Den Weg rahmen Stände zu beiden Seiten. Eine grellbunte Palette aller erdenklichen Obst- und Gemüsesorten, Öle und Wein, Fleisch, Fisch, Wurst, Käse, wohin ich auch schaue, und über allem wabert der verheißungsvolle Duft von frischem Gebäck.

„Das ist also der Naschmarkt," reißt mich Lisa aus meiner stillen Überwältigung. „Der berühmteste Markt von Wien, und vielleicht einer der schönsten der Welt!"

Mein Blick begegnet der Verkäuferin vom Stand nebenan, lächelnd hält sie mir eine auf einen Zahnstocher gespießte Olive entgegen. „Na los, probieren S'!", ermuntert Lisa mich. „Sie haben doch Appetit, hier ist Ihre Gelegenheit!" Etwas verlegen greife ich zu, die Olive ist dickfleischig und köstlich. Schon denke ich, dass ich ein paar davon mitnehmen sollte, da schiebt

Lisa mich weiter. „Hier kann man überall kosten, und das sollte man auch tun. Aber man muss ja nicht gleich alles kaufen."

Der Naschmarkt, erzählt sie, als wir in einer ruhigeren Ecke kurz stehenbleiben, ist schon seit Langem eine Institution in Wien. Er ist aus einem Bauernmarkt hervorgegangen und im Lauf der Zeit ein paarmal umgezogen. Nach der Donauregulierung fand er seinen endgültigen Platz im 6. Bezirk Mariahilf, nur einen kurzen Spaziergang von der Innenstadt entfernt, von der ihn das weithin sichtbare goldene Dach des Secessionsgebäudes trennt.

Rund 120 Stände, viele davon historisch, bieten alles, was das hungrige Herz begehrt, und längst schon gibt es mehr als nur das, was die Bauern der Umgebung produzieren. „Auf dem Naschmarkt bekommen Sie Spezialitäten aus aller Herren Länder, jede Art von Lebensmitteln. Das ist äußerst sehenswert, deshalb ist der Naschmarkt zu einer großen Attraktion geworden. Nur wenn Sie für den täglichen Bedarf einkaufen wollen, sollten Sie lieber zum Victor-Adler-Markt im 10. Bezirk oder zum Meislmarkt im 15. gehen. Denn der Naschmarkt ist nicht unbedingt billig."

Während wir weiterschlendern und ich die sinnenfrohen Eindrücke auf mich wirken lasse, fährt sie mit ihrer Schilderung fort. „Ein Teil der Stände hat sich in Gastronomiebetriebe verwandelt. Hier haben Sie die Qual der Wahl, von Falafel bis Sushi, von Hausmannskost bis zu veganen Köstlichkeiten. Und wirklich international: Türkisch, griechisch, japanisch, chinesisch, indisch, israelisch, marokkanisch, italienisch, ach, nennen Sie, was Sie wollen, hier finden Sie es. Die ganze Welt ist auf dem Naschmarkt zuhause, und besonders lebhaft geht es an den Samstagen zu, denn dann findet gleich nebenan auch noch ein großer Flohmarkt statt." Sie strahlt mich an. „Also, wo fangen wir an?"

Suchend schaue ich mich um. „Ja, also", beginne ich zögernd, „eigentlich würde mich die typisch wienerische Küche ja am meisten interessieren." „Kein Problem!" Lisa hat eine ernste Miene aufgesetzt und nickt wissend. „Selbstverständlich gibt es hier auch Wiener Küche, sogar ein Kaffeehaus. Aber ich weiß etwas anderes. Kommen S'!"

Sie führt mich zu Stand 46, dem Urbanek. Dort werden seit Jahrzehnten österreichische Delikatessen verkauft, aber man kann auch Kleinigkeiten essen. Wir nehmen vor dem Laden Platz, Lisa bestellt eine bunte Platte mit Wurst und Käse, dazu ein Glas Wein. Denn Urbanek ist besonders als Weinbar bekannt.

„Gemischter Satz!", sagt sie und hebt ihr Glas. Wie bitte? „Gemischter Satz ist ein Wein, der aus verschiedenen Rebsorten hergestellt wird, die aber alle im gleichen Weingarten wachsen müssen. Eine Wiener Spezialität", klärt Lisa mich auf. „Bezeichnung und Qualität sind durch eine strenge Verordnung geregelt. Gemischter Satz kann aus bis zu 20 verschiedenen Trauben bestehen, aber er ist immer weiß. Ist er jung, wird also bis zum Ende des Folgejahrs nach der Ernte ausgeschenkt, heißt er Heuriger, und den trinkt man im Heurigen, dem Weinlokal. Die Heurigen sind aber in Wien meist auf Touristen zugeschnitten, besser ist der Buschenschank, das ist eine Bauernkneipe, wo der eigene Wein ausgeschenkt wird."

Während sie referiert, habe ich beherzt zu einem Stück Wurst gegriffen. Ich habe nämlich Hunger, erwähnte ich das bereits? Und die eine Olive hat nicht wirklich geholfen.

„Wiener Wurst, sehr gute Wahl!", kommentiert Lisa. „Nicht zu verwechseln mit eurem Wiener Würstchen, das bei uns Frankfurter heißt." Verwirrt blicke ich sie an, Lisa lacht. „Die Wiener Wurst ist eine pikante Schnittwurst, knapp zur Hälfte aus Schweine- und Rindfleisch, dazu Speck und Gewürze. Sie wird erst gebrüht, dann geräuchert, die Einlage aus Fleisch und Speck ist beim Aufschneiden noch gut zu sehen. Wurst ist ein guter Einstieg, denn das kulinarische Wien beginnt am Würstelstand!"

Die allgegenwärtigen Wurststände waren mir schon aufgefallen. An diesen Imbissbuden gibt es heiße Würstel, also Frankfurter, wie ich nun weiß. Außerdem Burenwurst, eine grobe Brühwurst, Leberkäse und Bosna, das ist Bratwurst im Brot, ähnlich wie Hot Dog. Nur schärfer, erklärt Lisa. Zur Wurst gibt es nach Wunsch Semmel, Zwiebeln, Essiggurken oder Peperoni. „Und Kenner bestellen Eitrige mit an Bugl und an Gschissenen." Konsterniert weite ich die Augen. Da hab' ich wohl nicht richtig gehört!

Lisa amüsiert sich prächtig über meinen Gesichtsausdruck. „Eine Käsekrainer mit Brötchen und einem Häuflein Senf", übersetzt sie für mich. „Beißt man in die Krainer Wurst, quillt der Käse raus, na, und das mit dem Buckel und dem Schiss muss ich ja wohl nicht erklären." Ich schüttle den Kopf. Vor Lisas Übersetzung klang das ja nun nicht gerade appetitanregend.

„Wien ist eine Weltstadt", fährt Lisa unbeirrt fort. „Es gibt Essen aus aller Welt, und nicht nur auf dem Naschmarkt. Aber wir wollen uns ja mit der echten Wiener Küche auseinandersetzen."

Die sei in ihren Ursprüngen sehr bodenständig gewesen, erzählt sie. Durch Wiens verkehrsgünstige Lage kamen andere Einflüsse hinzu, sobald die wirtschaftliche Lage das erlaubte. Zunächst aus Italien, zum Beispiel in Form des venezianischen Klassikers Risi e bisi, Risotto mit Erbsen. In Wien wurde schon im 17. Jahrhundert das Risibisi daraus. Etwas später hielten auch französische Rezepte Einzug in die städtischen Küchen. Und bereits ab dem 14. Jahrhundert spielte

Fisch eine große Rolle, denn seit damals existierte in der Stadt ein Fischmarkt. Hauptsächlich gab es Karpfen, und weil man sparsam mit allem Essbaren umging, wurde aus dessen Resten wie Kopf, Gräten, Innereien und Rogen die Fischbeuschelsuppe kreiert. „Mit ein bissl Rotwein und Thymian abgeschmeckt, garniert mit Petersilie und Semmelwürfeln ist das noch heute eine Delikatesse," zerstreut Lisa meine Zweifel ob dieser Grundzutaten.

Doch so richtig in Schwung kam die Küche durch den Wiener Kongress, der im September 1814 begann und neun Monate dauerte. Die hochrangigsten Diplomaten aus ganz Europa kamen in die Stadt, wo man sich natürlich nicht lumpen lassen wollte. Da zeigte man, was man konnte, und neben einem vorzüglichen kulturellen Rahmenprogramm bewirtete man die Gäste mit den fürstlichsten Speisen. Das gelang so gut, dass Wien bald den Ruf der Gourmetmetropole schlechthin genoss. Wien wurde zum Schmelztiegel der europäischen Küchen. Dabei kam natürlich auch wieder die geografische Lage ins Spiel, böhmische, slawische und polnische Rezepte vermischten sich mit solchen aus Westeuropa, und auch jüdische Gerichte ergänzten den Speiseplan.

„Besonders zur Zeit der k. u. k. Monarchie kam die ungarische Küche maßgeblich hinzu", ergänzt Lisa, die Ungarin, nicht ohne Stolz. „Unsere Vorfahren sind finno-ugrische Völker von der Ostseite des Urals. Ihre ursprünglichen Lebensräume verteppten am Ende der Bronzezeit, damit veränderte sich auch die Lebensweise. Aus Bauern wurden Nomaden. Das Reitervolk der Magyaren machte sich im 5. Jahrhundert auf in Richtung Westen, vermischte sich mit einem Turkvolk und kam schließlich in die Pannonische Tiefebene. Um das Jahr 1000 gründeten sie dort das Königreich Ungarn. Allein diese Entwicklung lässt die Vielfalt der Essgewohnheiten ja schon erahnen. Das in all seinen Variationen beliebte Gulasch, die fettgebackenen Lángos-Hefefladen, aber auch der so typisch österreichische Strudel haben ihren Ursprung in Ungarn."

„Und wo findet das Wiener Schnitzel seinen Platz?", frage ich, denn das erscheint mir schließlich als der Klassiker schlechthin.

„Nun", beginnt Lisa, „im weit verbreiteten Kochbuchklassiker der Grazerin Katharina Prato kommen panierte Schnitzel vor, das Buch erschien schon 1858. Beim Schnitzel ist es wohl andersherum als beim Cappuccino. Das gab's zuerst in Italien, und zwar als ‚cotoletta alla milanese'. Es wurde allerdings in Italien zunächst aus dickeren Koteletts zubereitet. Für Wiener Schnitzel nimmt man dagegen dünne Scheiben aus Kalbfleisch. Manche behaupten, Josef Wenzel Radetzky von Radetz habe das Rezept 1857 aus Italien mitgebracht. Das ist der Feldmarschall, dem Johann Strauss Vater den gleichnamigen Marsch gewidmet hat. Aber die Geschichte stimmt nicht, denn panierte Schnitzel kannte man in Wien schon lange vor seiner Zeit. Auch das Wiener Backhendl, das genauso paniert wird, gibt es schon seit dem 18. Jahrhundert. Zur Biedermeierzeit, also ab Beginn des Wiener Kongresses, galt das Backhendl sogar als der Inbegriff der feinen Wiener Küche schlechthin."

Das Backhendl kommt mit frittierten Petersiliensträußchen, Zitronenachteln, Blatt- und Erdäpfelsalat, also Kartoffelsalat, auf den Tisch. Die gleichen Beilagen werden zum traditionellen Wiener Schnitzel gereicht. Auch Petersilerdäpfel (über dieses Wort stolpere ich immer und lese „Petersiler Däpfel…) oder Gurkensalat dürfen es sein. In der Hofküche zur Zeit der k. u. k. Monarchie gab es noch Kapern und Sardellen dazu, davon ist man aber abgekommen. Stattdessen gibt es heute oft Pommes frites, Bratkartoffeln oder sogar Reis zum Schnitzel.

„Nicht dicker als vier Millimeter soll das Schnitzel sein", erläutert Lisa, „es wird nacheinander in Mehl, gequirltem Ei und frischen Semmelbröseln gewälzt. Auf gar keinen Fall darf man die Brösel andrücken, denn sonst kann die Panade beim Braten nicht soufflieren. Also schön locker aufgehen und Wellen schlagen", fügt sie noch erklärend hinzu, weil ich wohl etwas rätselnd dreingeblickt habe.

„So," sagt sie, als wir schließlich das letzte Stück Waldviertler Selchkas von unserem Teller aufgeklaubt haben. So heißt der halbfeste, geräucherte Schafskäse, den ich mir gerade auf der Zunge zergehen lasse. „Später besuchen wir noch das Bermudadreieck. Das befindet sich in einer der ältesten Gegenden von Wien, rund um die Ruprechtskirche. Dort waren immer viele jüdische Händler ansässig, auch die Hauptsynagoge von Wien befindet sich da. Heute ist das Viertel aber in erster Linie für seine vielen Kneipen bekannt, daher auch der Name. So mancher versackt dort, taucht sozusagen unter und verschwindet für eine Weile. Aber zuvor machen wir uns noch auf den Weg in ein typisches Beisl, um eine ordentliche Mahlzeit zu uns zu nehmen."

Eigentlich bin ich jetzt satt, aber so einfach lässt mich Lisa nicht davonkommen. Es muss schon ein volles Menü sein. „Vorab eine klare Rindsuppe mit Einlage, zum Beispiel Frittaten, Backerbsen, Grießnockerl oder Leberknödel. Dann ein Tafelspitz mit Kren, also Meerrettich. Oder Selchfleisch, das kennen Sie als Kassler, mit Kraut und Knödeln. Vielleicht auch Altwiener Zwiebelrostbraten oder Vanillerostbraten, wobei Vanille in diesem Fall Knoblauch bedeutet. Wenn's ganz speziell sein soll, empfiehlt sich Beuschel, das ist ein Ragout aus Lunge." Sie schmunzelt, als sie mein Stirnrunzeln bemerkt.

„Vielleicht mögen Sie lieber Schinkenfleckerl, das sind kleine, flache Nudeln mit Schinkenstückchen, gern auch mit

Käse überbacken. Oder Krautfleckerl, also Fleckerl-Nudeln mit Weißkraut. Typisch sind auch Eiernockerl, so eine Art Spätzle, die mit Ei gebacken und mit Schnittlauch und Salat verspeist werden. Zum Abschluss eine Mehlspeise wie Palatschinken, Kaiserschmarrn oder Marillenknödel. Vielleicht möchten Sie auch Powidltascherl probieren, die kommen ursprünglich aus Böhmen. Es sind süße Taschen aus Kartoffelteig, gefüllt mit Powidl, also Pflaumenmus." Sie legt eine kleine Pause ein. „Und nach der Mahlzeit gehen wir noch einmal in ein schönes Kaffeehaus, trinken Kapuziner mit Obers und bestellen Apfelstrudel dazu."

So viel Essen? Ich muss inzwischen ganz blass geworden sein, denn Lisa sieht mich mitfühlend an.

„Ach, mögen S' zum Kapuziner vielleicht lieber Sachertorte?"

In diesem Buch stelle ich Ihnen einige typisch wienerische Rezepte vor. Wiener Schnitzel, Zwiebelrostbraten, Tafelspitz, Kaiserschmarrn, Sachertorte, Marillenknödel und Apfelstrudel sind allerdings nicht dabei, denn diese Rezepte gibt's schon in meinem Österreich-Lesebuch.

Backhendl mit Erdäpfelsalat und Petersil

Zutaten für 4 Personen:

1 Hähnchen (ca. 1 kg)	1 Zitrone
800 g Kartoffeln (Erdäpfel, festkochend)	1 Bd. krause Petersilie
	30 g Butter
300 ml Brühe	3 El Weinessig
4 Eier	1 El Senf
200 g Semmelbrösel	1 Tl Kümmel
200 g Mehl	reichlich Speiseöl
1 Zwiebel	Zucker, Salz, Pfeffer

Zubereitung:

Die Kartoffeln waschen und zusammen mit dem Kümmel in gesalzenem Wasser garen. Danach abgießen, schälen, in ca. 1 cm dicke Scheiben schneiden und in eine Schüssel geben. Die Petersilie waschen, trocken schleudern und so viel davon hacken, dass die Menge 2 El ausmacht, die restliche Petersilie beiseitelegen. Die Brühe mit Essig, Senf und 1 Prise Zucker vermischen. Die Zwiebel schälen und würfeln, die Butter in einer Pfanne schmelzen und die Zwiebeln darin leicht braun anschwitzen. Mit der Brühe ablöschen, kurz aufkochen und über die Kartoffeln gießen. Salzen, pfeffern und vermengen. Ziehen lassen, bis die Flüssigkeit gut absorbiert ist, dann die gehackte Petersilie unterheben.

Die Zitrone längs achteln. Dicke Stängel von der restlichen Petersilie entfernen. Das Hähnchen in 8 Teile teilen, die Haut daranlassen. Die Eier mit 1 El Speiseöl in einem Schälchen gut verquirlen, Mehl und Semmelbrösel jeweils ebenfalls in ein Schälchen füllen. Die Hähnchenteile salzen, pfeffern und ringsum nacheinander in Mehl, Ei und Semmelbröseln wälzen. In einer hohen Pfanne oder in der Fritteuse

Speiseöl auf 170°C erhitzen. Es muss so viel Öl sein, dass die Hähnchenteile darin schwimmen können. Die Teile 10–15 Minuten ausbacken, bis sie goldbraun sind. Auf Küchenkrepp abtropfen lassen.

Parallel zum Frittieren des Hendls die Petersilie in heißem Öl sehr kross backen (Vorsicht, das spritzt enorm, ggf. die Pfanne anfangs mit dem Deckel abdecken), auf Küchenkrepp abtropfen.

Petersilie und Backhendl müssen heiß serviert werden, der Erdäpfelsalat sollte Zimmertemperatur haben. Auf Tellern anrichten und je 2 Zitronenachtel dazulegen.

Traditionell werden auch Herz, Magen und Leber des Hähnchens paniert und frittiert, außerdem gibt's noch grünen Salat dazu.

Sie möchten doch lieber ein Wiener Schnitzel essen? Kein Problem! Nehmen sie ganz dünn geschnittene Kalbsschnitzel (verwendet man stattdessen Schweineschnitzel, so heißt das Ergebnis nicht „Wiener Schnitzel" sondern „Schnitzel Wiener Art"). Panieren Sie sie auf die gleiche Weise wie das Backhendl. Achten Sie dabei darauf, die Panade nicht anzudrücken. Anschließend in Bratfett (oder traditionell in Schweineschmalz) von beiden Seiten goldbraun braten (übergießt man die Schnitzel währenddessen öfters mit heißem Fett, entstehen die typischen Wellen noch besser).
Fertig!

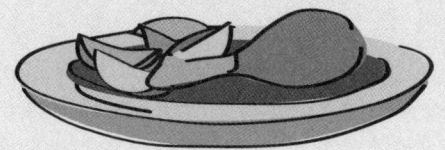

Durch Wien mit zwei PS – der Fiaker

Vor ein paar Jahren haben mein Mann und ich Wien gemeinsam mit unseren beiden halbwüchsigen Kindern besucht. Für Kinder gibt es in der Stadt so einiges zu entdecken, und eine ganz besondere Anziehungskraft übt natürlich der Prater aus. Doch wir wollten, dass sie auf eindrucksvolle Art einen ersten Überblick über die Stadt erhielten, dabei zugleich etwas Typisches kennenlernten, und das sollte möglichst auch noch Freude bereiten.

Was tut man in diesem Fall in Wien? Man lässt sich vom Fiaker herumfahren! Denn denkt man an Wien, ist wohl der Fiaker das erste Verkehrsmittel, das einem in den Sinn kommt. Das ist ein bisschen ungerecht gegenüber der Straßenbahn, die hier Tram heißt. Trams verkehren schon seit 1865 in Wien, zunächst noch von Pferden gezogen, später dampfbetrieben, ab 1897 nach und nach über Oberleitungen elektrifiziert. Das Wiener Straßenbahnnetz ist eines der größten weltweit. Die Trams fahren zuverlässig, gut getaktet und sind relativ preiswert. Für Touristen gibt es Tages- und Wochenkarten, damit kommt man gut und bequem überall hin. Und ausgehend vom Schwedenplatz kann man entlang der Ringstraße mit der gelben Vienna Ring Tram eine Sightseeingtour unternehmen, abends ab Karlsplatz sogar besonders stilecht mit historischen Wagen.

Aber der Fiaker gehört nun einmal zu Wien wie Sissi und das Riesenrad. Der Name der zweispännigen Mietkutsche – und ihres gleichnamigen Kutschers – stammt aus dem Französischen (fiacre), und schon seit 1693 rollen die Pferdetaxis durch Wien. Natürlich gibt es auch in anderen Städten Kutschen, mit denen sich Touristen herumfahren lassen können. Das ist nicht unbedingt erfreulich für die Pferde, wenn man an den tosenden Verkehr und die Temperaturen heißer Sommertage denkt. Nie werde ich die traurigen, abgemagerten Klepper vergessen, die mit hängenden Köpfen in brütender Hitze vor der Spanischen Treppe in Rom herumstehen mussten. Ein Bild des Jammers, wie hätte man in solch eine Kutsche einsteigen können? Die Stadt Rom ist dieser Schinderei im Jahr 2020 endlich entgegengetreten. Kutschen dürfen fortan nur noch in den Parks der Stadt fahren, und übersteigen die Temperaturen 30 Grad, so ist auch damit Schluss.

Im westfälischen Münster haben wir eine interessante Alternative entdeckt: Dort kann man sich mit Elektrokutschen herumfahren lassen, garantiert ohne Tierquälerei und dabei auch noch umweltfreundlich.

Aber Wien ohne Fiaker? Das ist eigentlich undenkbar. Und da stehen sie auch schon hintereinander aufgereiht auf dem Platz am Stephansdom, die Fiaker! Die Pferde wirken entspannt und wohlgenährt, deshalb überwinde ich meine Skrupel. Ich werde den Kutscher während der Fahrt einfach mal auf die Problematik ansprechen, nehme ich mir vor.

Während die Kids gleich zu den beiden Schimmeln stürmen, die unsere Kutsche ziehen werden, treten wir Erwachsenen erst einmal in Preisverhandlungen mit dem Fiaker ein. Doch was heißt hier Verhandlungen, da gibt es nichts zu verhandeln, die Preise sind in einer Liste festgelegt und erwartungsgemäß nicht ganz billig. Eine kleine Rundfahrt von 20 Minuten Dauer kostet 55 Euro, wobei dieser Preis pro Kutschfahrt und unabhängig von der Personenzahl anfällt.

Die doppelt so lange große Tour schlägt mit 80 Euro zu Buche, „unvergesslich" wird die Fahrt für 120 Euro, und die nach oben offene Liste bietet noch etliche weitere Möglichkeiten. Sei es zurück zum Hotel, hin zum Prater oder raus bis nach Schönbrunn. Vielleicht eine individuelle Route inklusive Champagner? Ja, sogar eine kulinarische Tour mit Wiener Spezialitäten, die während der Rundfahrt serviert werden, ist im Angebot.

Wir entscheiden uns für die große Rundfahrt und sammeln die Kinder ein, die noch immer mit dem Tätscheln der Pferdeköpfe beschäftigt sind. Mit leuchtenden Augen nehmen sie im offenen viersitzigen Fahrgastraum Platz, ganz offensichtlich begeistert. Bis jetzt scheinen wir alles richtig gemacht zu haben!

Der Fiaker, ein freundlicher junger Mann, schwingt sich auf den Kutschbock und hebt gleich mit seinen Erläuterungen an. Selbstverständlich beinhaltet die Rundfahrt auch eine fachkundige Führung. Er trägt eine schwarze Jacke, die langen Haare hat er zum Pferdeschwanz zusammengebunden, der als augenfälliges Merkmal unter seiner Melone hervorlugt. Denn natürlich sehen wir ihn nun meist von hinten.

Die Melone als Kopfbedeckung ist Pflicht, sie gehört zum Dresscode des Wiener Fiakers. Nur an heißen Sommertagen darf sie durch einen Strohhut ersetzt werden. Ist ein Kutscher damit nachlässig, werden 300 Euro Strafe fällig, lässt unser Fiaker uns wissen. Überhaupt unterliege das Fiakergeschäft strengen Auflagen durch die Stadt, fährt er fort, und ich nutze gleich die Gelegenheit, um ihn wegen des Tierschutzes zu befragen.

„Auch dabei ist die Stadt sehr genau", sagt er. „Wir führen ein Fahrtenbuch, in dem alles ganz präzise aufgezeichnet wird, und ein- bis zweimal pro Woche erscheint der Amtstierarzt zur Kontrolle. Aber es ist auch in unserem Interesse, dass die Pferde wohlauf sind. Schließlich sind sie unser Kapital." Er erzählt vom heimischen Stall, der sehr gepflegt sei und bei dem das Wohlbefinden der Tiere im Mittelpunkt stehe. Davon könnten wir uns übrigens bei einer Stallbesichtigung überzeugen, dürften bei der Stallarbeit zusehen und uns anschließend vom Fiaker zurück in die Stadt bringen lassen.

An maximal 18 Tagen im Monat werden die Pferde eingesetzt, der Rest ist Ruhezeit. Auch das ist durch städtische Verordnungen geregelt. „Und alle drei Monate machen unsere Pferde 14 Tage lang Urlaub auf der Weide. Glauben S' mir, denen geht's wirklich gut", versichert der Kutscher.

Während der kältesten Winterzeit sei überhaupt Ruhe, dann gebe es auch keine Einnahmen. Deshalb müsse der Verdienst in den freundlicheren Monaten reingeholt werden. Um selbigen konkurrieren knapp 30 Betriebe, und eine Zulassung zu bekommen, ist gar nicht so leicht. Denn auch das ist streng reglementiert. Mehr als 200 Kutschen dürfen nicht fahren, diese sind jeweils nummeriert und einem der Standplätze zugeteilt. Und es ist im täglich wechselnden Turnus auch jeweils nur maximal die Hälfte der Kutschen unterwegs. Die Fiaker müssen eine Fahrprüfung ablegen, bei der nicht nur entsprechende Fähigkeiten im Umgang mit Pferden im Allgemeinen und im Kutschieren durch den Straßenverkehr im Besonderen kontrolliert, sondern auch Kenntnisse über die Sehenswürdigkeiten abgefragt werden. „Seit 1984 dürfen die Fiaker auch weiblich sein", fügt er schmunzelnd hinzu. Erstaunlich, dass sie es zuvor nicht sein durften, und umso erstaunlicher, dass man diese geschlechtsspezifischen Fragen heute immer noch erwähnen muss…

„Auch die Pferde durchlaufen natürlich eine gründliche Ausbildung", fährt der Fiaker fort. „Sie müssen lernen, ruhig und gleichmäßig zu gehen und vor allem, sich nicht von Autos irritieren zu lassen, auch nicht von unvernünftigen Fahrern, die hupen, den Motor aufheulen lassen oder dergleichen. Das Training dauert zwischen fünf Monate und einem ganzen Jahr, je nach Temperament des Pferdes, und meist sind sie fünf Jahre alt, wenn sie mit der Arbeit beginnen. Wir investieren sehr viel Zeit und Geduld, und natürlich ist das Ganze auch kostenintensiv."

Klar, dass so eine Fahrt dann nicht ganz billig sein kann. Doch aller Führsorge zum Trotz sind die Fiakerunternehmen teils heftiger Kritik durch Tierschützer ausgesetzt, und denke ich an den Autofahrer, der uns eben ziemlich rücksichtslos geschnitten hat, erscheint mir das nicht ganz unberechtigt. Eine noch größere Sorge gilt aber der sommerlichen Hitze. „Ab 35 Grad haben die Pferde hitzefrei", beschwichtigt unser Kutscher. „Viele meinen, das reiche nicht und müsse schon ab 30 Grad greifen. Aber das halte ich für übertrieben. Pferde sind Steppentiere, der gemächliche Spaziergang durch die Stadt überanstrengt sie auch bei 30 Grad nicht. Meine schwitzen dabei nicht einmal im Bereich der Zügel."

Spaziergang? So ganz stimmt das ja wohl doch nicht, denn die Tiere müssen ja einiges an Gewicht ziehen. „Richtig", pflichtet der Fiaker mir bei, „450 Kilo wiegt allein die Kutsche, dazu kommen noch maximal fünf Personen, also der Fiaker und die Fahrgäste. Aber schauen Sie mal, wie kräftig die sind", wischt er meine Bedenken beiseite und weist auf die Hinterteile seiner Pferde, wo sich vor dem „Pooh-Bag", der die Pferdeäpfel auffängt, das Spiel der Muskeln unter dem glänzend gestriegelten Fell deutlich abzeichnet.

„Und es ist schon etwas Besonderes, was sie da ziehen!", fährt er fort und ist nun ganz in seinem Element. „Fiaker gehören zum imperialen Erbe von Wien, deshalb sind sie aus dem

Stadtbild gar nicht wegzudenken. Die Kutsche, in der wir hier sitzen, wurde 1897 gebaut. Die machte ihre Jungfernfahrt, als Sissi noch gelebt hat!" Ehrfürchtig schweift mein Blick über das glatt polierte Holz unseres Gefährts, während wir an einer roten Ampel halten. Es ist in erstklassigem Zustand. Das Verdeck, das sich bei Regen schnell schließen lässt, ist blitzsauber und wirkt fabrikneu.

„Viele Kutschen sind inzwischen mehr als 100 Jahre alt. Sie werden in der Winterzeit sorgsam generalüberholt und gepflegt." Der Fiaker hat sich zu uns umgewandt und nickt ernst. „Das ist kein Wunder, für einen Nachbau werden nämlich mit Leichtigkeit bis zu 15.000 Euro fällig."

Mit einem Ruck setzt sich der Fiaker wieder in Bewegung, als die Ampel umspringt. Schmunzelnd betrachte ich im Vorbeifahren die Anzeige für die Fußgänger, die anlässlich des Eurovision Song Contests 2015 in Wien vielerorts durch Ampelmännchen ersetzt wurde. Sie zeigen unterschiedliche Liebespaare, und zwar entweder Mann und Frau, zwei Frauen oder zwei Männer und sollen damit die Toleranz der Stadt symbolisieren. Eigentlich sollten sie nach dem Contest, der bekanntlich vom Travestiekünstler Thomas Neuwirth alias Conchita Wurst durch seinen Sieg im Jahr 2014 nach Wien geholt wurde, wieder verschwinden. Sie sind nach wie vor umstritten, doch bisher haben ihre Befürworter sich noch durchsetzen können. Auf jeden Fall sind die sympathischen Ampelmännchen ein echter Hingucker!

Noch immer geht es ruckelnd weiter, denn wir fahren über Kopfsteinpflaster. Der Geräuschpegel ist ganz schön hoch, unser Fiaker muss fast schreien, um sich verständlich zu machen. „Kopfsteinpflaster ist ganz typisch für die Wiener Altstadt. Noch schlimmer war das früher, als es nur Kutschen gab. Da haben die Anwohner wirklich unter dem ständigen

Lärm gelitten. Teilweise hat man sogar Stroh aufs Pflaster gestreut, damit es nicht so laut war."

Zum Glück müssen wir schon wieder kurz anhalten und er kann die Stimme senken. „Die Stadt klagt auch darüber, dass die Hufe Schäden am Pflaster verursachen. Deshalb haben wir es schon mal mit Hufbeschlägen aus Gummi probiert, aber das hat nicht geklappt. Die waren nach drei Tagen hinüber, wogegen so ein Hufeisen gut fünf bis sechs Wochen hält."

Er schnalzt kurz, und ratternd setzen wir uns wieder in Bewegung. Der Stephansplatz kommt in Sicht, viel zu schnell ist unsere Rundfahrt zu Ende gegangen. Während wir uns bei dem freundlichen Fiaker bedanken, nehmen die Kids betrübt Abschied von den beiden fleißigen Pferden.

Besonders unsere Tochter kann sich kaum losreißen. Sie ist nämlich ein absoluter Pferdefan. Dabei ahnt sie gar nicht, was Wien ihr diesbezüglich noch zu bieten hat!

Fiakergulasch

Zutaten für 4 Personen:

800 g marmoriertes Rind-
fleisch (am besten aus der
Wade)
500 g Zwiebeln
4 Frankfurter Würstel
(Wiener Würstchen)
4 Eier
4 Essiggurken
120 g rote Paprikastreifen
2 El Tomatenmark

2 Knoblauchzehen
3 El edelsüßes Paprikapulver
1 Tl rosenscharfes Paprika-
pulver
Weinessig
Butterschmalz
Majoran
Kümmelpulver
Salz
Pfeffer

Zubereitung:

Eventuell vorhandene Sehnen vom Fleisch entfernen, aber
nicht das Fett, und das Fleisch in mundgerechte Würfel
schneiden. Zwiebeln schälen und grob würfeln, Knoblauch
häuten und pressen. In einem Topf ein Stück Butterschmalz
erhitzen und die Zwiebeln bei niedriger Temperatur langsam
weich dünsten. Das Tomatenmark hinzugeben und kurz mit
anschwitzen, dann das Paprikapulver darüberstreuen und
sogleich mit einem Schuss Essig ablöschen. Das Fleisch und
den Knoblauch hinzugeben und unter Rühren anschmoren.

Mit jeweils einer guten Prise Kümmelpulver und Majoran würzen, salzen und pfeffern. Zunächst im eigenen Saft
dünsten, dann mit so viel heißem Wasser ablöschen, dass das
Fleisch nur gerade bedeckt ist (bei zu viel Wasser wird die
Sauce nicht sämig). Bei milder Hitze ca. 3 Stunden köcheln
lassen, dabei regelmäßig umrühren. Wenn die Flüssigkeit
verdunstet ist, jeweils ein klein wenig Wasser nachgießen. Der
Saft soll immer wieder eindampfen und gehaltvoll werden,

am Ende bleibt eine dickflüssige Sauce, die das Fleisch umhüllt. Die Essiggurken fächerartig einschneiden. Die Frankfurter in heißem (aber nicht kochendem) Wasser ziehen lassen. Die Eier in etwas Butterschmalz zu weichen Spiegeleiern braten.

Das Gulasch in Suppentellern oder -schalen anrichten und jeweils ein Würstel sowie ein Spiegelei daraufsetzen, mit Gurke und Paprikastreifen garnieren. Dazu reicht man knusprige Salzstangerl (ein stangenförmig aufgerolltes Hefe-gebäck, Rezept s. Seite 62) oder Semmeln.

Dies ist das traditionelle Lieblingsgulasch der Wiener Fiaker. Es ist nahrhaft, die dickflüssige Sauce wärmt gut, also genau die richtige Mahlzeit für hungrige Kutscher nach einem langen, kalten Arbeitstag.

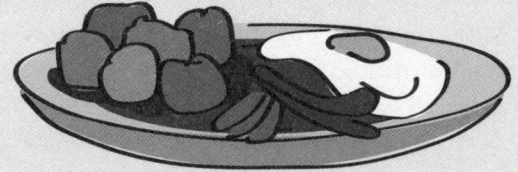

Die Faszination der Lipizzaner – ein Besuch in der Spanischen Hofreitschule

Ich muss gestehen, dass auch ich ein Faible für Pferde habe. Schon als Kind faszinierte mich die Eleganz der Hohen Schule, besonders die bildschönen, kraftvollen Lipizzanerpferde der Spanischen Hofreitschule von Wien, die scheinbar mühelos die kompliziertesten Kunststücke vollführen. Das Ganze an der Hand oder unter dem Sattel eines Kavalleristen in der Uniform des Kaiserreichs, die aus einem braunen Reitfrack, einer weißen Hirschlederhose sowie schwarzen Stiefeln mit Stulpen besteht. Hinzu kommen noch Accessoires wie goldene Bordüren und Borten, weiße Handschuhe und, ganz wichtig, der Zweispitz, ein Hut, dessen aufgestellte Krempe zwei Spitzen bildet, die wie bei Napoleon an den Seiten herausragen. Das Pferd herausgeputzt wie eine Biedermeiertorte, dazu der vornehm ausstaffierte Reiter, da fühlt man sich ja glatt in einen Sissi-Film versetzt!

Als ich 10 Jahre alt war, habe ich mit meinen Eltern das Gestüt in Lipica besucht, dem die Lipizzaner ihren Namen verdanken. Damals gehörte dieser Ort noch zum jugoslawischen Staat, nach dessen Zerfall zählt er heute zum Gebiet Sloweniens. Während ich inmitten des großen Hofs stand, umringt von Schimmelstuten wie den weißen Wolken im siebten Himmel, und das noch dunkel gefärbte Fell ihrer stelzbeinigen Fohlen streichelte, erörterte mein Vater Geschichte und Bedeutung des Gestüts.

Alle Lipizzaner stammten von hier, meinte er. Denn das Gestüt bestehe seit 1580 und sei von den Habsburgern gegründet worden, um besonders herausragende Parade-pferde für die Wiener Hofreitschule zu züchten. Zu diesem Zweck kreuzte man andalusische Pferde mit Berbern, Ara-bern und Barockrassen aus Italien, etwas später kamen noch norddeutsche und dänische Warmblüter hinzu. Die Zucht-wahl und die besonderen Bedingungen im Karstgebirge von Lipica brachten nicht nur ein gesundes, starkes, genügsames und langlebiges Pferd hervor, sondern auch noch ein ganz besonders schönes und äußerst gelehriges. Insbesondere die anspruchsvollen Lektionen der Hohen Schule liegen diesen Pferden dank ihrer schnellen Auffassungsgabe und ihrer auf-merksamen Zuwendung zum Menschen quasi im Blut. Spä-tere Versuche der Hofreitschule, neben den Lipizzanern auch Hengste anderer Rassen auszubilden, schlugen allesamt fehl. Kein anderes Pferd ist diesbezüglich einem echten Lipizzaner ebenbürtig.

Der Erste Weltkrieg stürzte das Gestüt von Lipica allerdings ins Chaos. Die kostbaren Pferde wurden evakuiert und in ver-schiedene Richtungen verstreut. Nicht alle Tiere der Herde kehrten später nach Lipica zurück, und der Zweite Weltkrieg brachte noch schlimmere Wirren. Die deutsche Wehrmacht ließ alle Zuchtpferde, derer sie habhaft wurde, in die Sudeten transportieren. Als der Krieg verloren war, überließen sie die Lipizzaner dort ihrem Schicksal. So hätten diese leicht verhun-gern oder auf dem Teller der darbenden Bevölkerung landen können, doch die Amerikaner griffen ein, raubten die Tiere in einer Nacht- und Nebelaktion und brachten sie nach Wien. Walt Disney verfilmte das Ganze als Rührstück mit Robert

Taylor, Lilli Palmer und Curd Jürgens in den Hauptrollen, und schon avancierten die schneeweißen Rösser auch in den USA zu Stars.

Ihrem Charme kann man sich schwerlich entziehen, Pferdefreunde in aller Welt warfen ein begehrliches Auge auf die Lipizzaner. Deshalb konnte Lipica sein Alleinstellungsprivileg bezüglich ihrer Zucht auch nie mehr zurückerlangen. Nur elf Pferde kehrten schließlich dorthin zurück, immerhin die Basis der heute wieder sehr erfolgreichen Zucht. Andere Gestüte entstanden in Kroatien, Ungarn, Rumänien, Italien, Bosnien und Serbien, private Züchter gibt es außerdem in Südafrika, Frankreich, Dänemark und – dank Walt Disney – natürlich in den USA. Doch die herausragende Stellung nimmt seit 1920 das Gestüt Piber in der Steiermark ein. Es ist ein Bundesgestüt, was heißt, es gehört dem österreichischen Staat.

In Piber widmet man sich vor allem der Erhaltung des Wissens um die Lipizzanerzucht, das seit 2016 zum immateriellen Kulturerbe der UNESCO zählt. Rund 40 Fohlen erblicken hier alljährlich das Licht der Welt. Nur Hengstfohlen, und davon ausschließlich die besten, werden für die Hohe Schule erwählt und können ihre Lektionen eines Tages in Wien präsentieren. Zuvor durchlaufen sie eine umfassende Ausbildung. Im Alter von vier Jahren siedeln sie an die Hofreitschule um, nach sechs Ausbildungsjahren können sie in der Schulquadrille eingesetzt werden. Nur wenige Ausnahmepferde beherrschen allerdings die berühmten Sprünge der „Schule über der Erde", denn diese hochkomplizierten Lektionen sind allein den sensibelsten und talentiertesten Schulhengsten zu vermitteln.

Die Königsdisziplinen dieser Dressur heißen Capriole, Croupade, Ballotade, Courbette, Levande und Pesade. Sie bestehen aus hohen, kunstvollen Sprüngen, aus majestätischen Posituren mit erhobenem Vorderleib oder aus schaukelnden

Galoppbewegungen auf der Stelle. Wer je auf einem Pferd gesessen hat, kann sich vorstellen, wieviel Disziplin derartige Übungen von Pferd und Reiter verlangen.

Ziel der klassischen Hohen Schule sind allerdings nicht brachiale Unterwerfung und sophistischer Drill. Mithilfe der Reitkunst sollen vielmehr die natürlichen Bewegungsabläufe des Pferdes verfeinert und perfektioniert werden, um eine größtmögliche Harmonie zu erreichen. Das funktioniert nicht gewaltsam, sondern erfordert eine vertrauensvolle und intensive Beziehung zwischen Bereiter und Pferd.

Aber genug der Theorie. Höchste Zeit, der Spanischen Hofreitschule von Wien einen Besuch abzustatten!

Als ich vor vielen Jahren zum ersten Mal nach Wien kam, führte mich so ziemlich der allererste Weg dorthin. Die Anziehungskraft wirkte geradezu zwingend auf mich. Umso tiefer fiel ich in eine Schlucht der Enttäuschung, als ich mich vor geschlossenen Türen wiederfand. Es war nämlich gerade Weihnachtszeit, Pferde und Reiter pausierten, naschten Plätzchen und scherten sich nicht um meinen Katzenjammer.

Doch wie das Glück es wollte, kehrte ich schon im darauffolgenden Sommer nach Wien zurück. Und wieder eilte ich geradewegs zur Hofreitschule: Sommerpause! Da stand ich und schaute betrübt aus der Wäsche.

Wie würde es dieses Mal sein? Für die Wienreise mit den Kindern hatten wir die Karnevalstage genutzt, aber wer weiß, vielleicht schwoften auch die Lipizzaner? Die Hofreitschule befindet sich im Michaelertrakt der Hofburg. Ich versprach den Kindern lieber noch nichts, doch am nächsten Morgen ging es ohne Umwege gleich nach dem Frühstück dorthin.

Welch ein Glück, hier wusste man nichts von närrischem Treiben, die Hofreitschule war geöffnet! Und es erübrigte sich sogar, teure Tickets für eine Galaveranstaltung zu erwerben.

Denn für einen deutlich geringeren Obolus kann man beim täglichen Training zuschauen. Das findet abends statt, aber auch morgens um zehn Uhr, und ein Blick auf die Uhr verriet, dass es gleich soweit sein würde. Also nichts wie rein!

Ziemlich aufgeregt nahmen meine Tochter und ich auf der Galerie der ziemlich kalten Winterreithalle Platz, Mann und Sohn hingegen eher stoisch in ihr Schicksal ergeben. Zum Training wird klassische Wiener Musik gespielt, und da trabten sie auch schon ein, die stolzen Lipizzaner mit ihren uniformierten Bereitern. Vor Ergriffenheit kamen mir die Tränen – nach so vielen Jahren hatte ich es endlich geschafft!

Einziger Wermutstropfen: Das Fotografieren oder gar Filmen war streng untersagt. Warum eigentlich? Befürchteten die etwa, ich würde das Abgelichtete dann zu Hause mit dem eigenen Zossen nachstellen? Doch eher nicht...

Beim Training sieht man im Gegensatz zu den Vorführungen keine choreografierte Show. Stattdessen erhält man einen Einblick in die tägliche Arbeit, das geduldige Üben und unermüdliche Wiederholen der einzelnen Lektionen. In die Reitbahn kommen die Koryphäen unter den Schulhengsten, edle Tiere von einzigartiger Erhabenheit, die Ruhe, Gelassenheit und völlige Souveränität ausstrahlen. Außerdem aber auch die Eleven, die Junghengste in Ausbildung, die erst noch heranreifen müssen.

Manche von ihnen sind sogar noch nicht „ausgeschimmelt", das heißt, dass ihr Fell noch nicht alle Farbpigmente verloren hat. Echte Schimmel werden nämlich dunkel geboren, bedingt durch ein bestimmtes Gen bekommen sie erst im Lauf der Zeit allmählich immer mehr weiße Haare. Beim Lipizzaner dauert dieser Prozess sechs bis zehn Jahre. Nur vereinzelt kommen andere Fellfarben bei Lipizzanern vor, denn bei ihrer Zucht werden Schimmel gezielt bevorzugt. In der Anfangszeit sah das allerdings noch ganz anders aus, was man an den Braunen, Rappen, Füchsen und Falben auf alten Gemälden erkennen kann.

Heute jedoch sind mehr als 90 Prozent der Lipizzaner weiß. Unter all den Schimmeln der Hofreitschule findet sich aber auch stets mindestens ein brauner Hengst. Der soll Glück bringen, die Bereiter glauben sogar, dass die Hofreitschule nur so lange bestehen wird, wie es dort einen Braunen gibt. Ich hoffe, sie bekommen noch viele davon!

Im Gegensatz zum Training folgen die Darbietungen bei den großen Vorführungen einem klaren Ablauf und zeigen so ziemlich alles, was die Hofreitschule zu bieten hat. Angefangen vom Auftritt der Junghengste geht es über die Gänge und Touren der Hohen Schule, den Pas de deux zweier Hengste, die Arbeit an der Hand und am langen Zügel bis hin zur Schule über der Erde und zur Quadrille, dem „Ballett der weißen Hengste". Das ist Faszination pur.

Doch was tun die Stars dieser Shows in ihrer Freizeit? Zur Sommerfrische geht es alljährlich sieben Wochen lang ins niederösterreichische Heldenberg, wo sich ein Trainingszentrum der Hofreitschule befindet. Manche Pferde kehren auch zu einer Stippvisite zurück ins Bundesgestüt Piber, um dort als Deckhengst zum Einsatz zu kommen. Für die übrigen Zeiten bleiben nur die Box in der Hofburg, die Bahn der Winterreitschule oder die Sommerreitbahn im dahinterliegenden Innenhof. An Weidegang ist hier nicht zu denken. Schließlich liegt die Hofburg mitten in Wien.

Genau wie die Pferde müssen auch ihre Bereiter hochqualifiziert sein. Das schafft nur, wer mit Leib und Seele dabei ist, und deshalb beginnen die Schüler auch schon in einem Alter zwischen 15 und 19 Jahren mit ihrer Ausbildung. Die beansprucht bis zu sechs Jahre. Erst wenn ein Reitschüler es geschafft hat, einen Junghengst selbständig bis zur Quadrille-Reife zu trainieren, wird er als Bereiter anerkannt. Und zum Thema Gleichberechtigung: Es dauerte bis zum Jahr 2008, dass erstmalig weibliche Elevinnen ihre Ausbildung an der Spanischen Hofreitschule beginnen durften, und sogar bis 2016, dass die erste Frau zur Bereiterin ernannt wurde.

Sie und ihre Kollegen blicken auf eine lange und ehrenwerte Reihe von Vorgängern zurück, die die Hofreitschule zu einer Hochburg der europäischen Reiterei kultivierten. Die Hohe Schule etablierte sich schon zur Zeit der Renaissance. Sie entstand an den Fürstenhöfen, wo man die Reiterei allmählich zu einer eleganten und repräsentativen Kunst veredelte. Kaiser Ferdinand I., der in Spanien aufwuchs und 1521 nach Wien kam, holte Andalusier an seinen dortigen Hof. Damals, vor Züchtung der Lipizzaner, stellten sie die für die Hohe Schule am besten geeignete Pferderasse dar. Ferdinands Andalusier sollten zu den Urvätern der Lipizzaner werden. Und sie sind es auch, denen die Spanische Hofreitschule ihren Namen verdankt.

Am kaiserlichen Hof von Wien genossen die edlen Pferde seit jener Zeit eine zentrale Bedeutung, Stall und Reitanlagen wurden so aufwendig gestaltet, dass sie selbst zu Schlössern gerieten. Kein Wunder, dass die barocke Winterreitschule schon seit Maria Theresias Zeiten auch für opulente Maskenfeste und Bälle genutzt wird.

Wiens Spanische Hofreitschule existiert seit mehr als 450 Jahren, damit ist sie die älteste Reitschule der Welt. Seit 2010 gehören ihre Reitkunst und ihre Hohe Schule zum immateriellen Kulturerbe der UNESCO. Und die Aura der prächtigen Lipizzanerhengste, die in scheinbar mühelosem Tanz durch die Reitbahn schweben, ist wahrhaft magisch.

Mit glanzvollen Bildern im Kopf verlassen wir das morgendliche Training. Und eins ist gewiss: Ich komme wieder!

Salzstangerl

Zutaten:

500 g Mehl	80 g grobes Meersalz
250 ml Milch	1 Tl Kümmel
2 Eier	1 Tl Salz
50 g Butter	Zucker
1 Würfel Hefe	Mehl für die Arbeitsfläche

Zubereitung:

Die Butter zerlassen. Die Milch mit einer guten Prise Zucker lauwarm erhitzen, die Hefe darin auflösen und die Butter unterrühren. Das Mehl mit 1 Tl Salz vermischen, die Milch hinzugießen und alles mit den Händen zu einem geschmeidigen Teig verkneten. Mit einem Geschirrtuch abdecken und 30 Minuten lang an einem warmen Ort gehen lassen.

Anschließend noch einmal gut durchkneten, zu zwei Kugel formen und nacheinander mit dem Nudelholz auf der mit Mehl bestäubten Arbeitsfläche kreisrund ausrollen. Beide Teigkreise wie eine Torte in 8 Stücke schneiden, jedes Stück von der breiten Seite her zu einer Stange aufrollen und auf ein mit Backpapier ausgelegtes Backblech legen.

Die Eier verquirlen und die Teigstangen an der Oberseite damit einpinseln. Mit Meersalz und Kümmel bestreuen. Noch einmal abdecken und 15 Minuten gehen lassen.

Den Backofen auf 180°C vorheizen und die Stangen darin ca. 25 Minuten backen, bis sie goldgelb sind. Auf einem Rost abkühlen lassen.

Menschen und Bäume – eine Vision für das Leben

Begeben wir uns auf eine Zeitreise ins Jahr 1972. „Wachstum" ist das Zauberwort unserer Gesellschaft, die Wirtschaft brummt. Die Zweifel am ewigen „Weiter so", die schon das darauffolgende Jahr mit der Ölkrise heraufbeschwören wird, liegen in scheinbar ferner Zukunft. Natur- und Umweltschutz? Für die meisten noch Fremdwörter. Alle sind froh, dass es dem Durchschnittsbürger besser geht als je zuvor in der Menschheitsgeschichte. Dass die Städte nach den durch den Zweiten Weltkrieg bedingten Zerstörungen schnell wiederaufgebaut und dabei mit grauen Zweckbauten überzogen wurden – geschenkt. Schönheit ist ein Luxus, der noch keine Rolle spielt. Hauptsache, dass es Wohnungen für alle gibt, endlich raus aus der Enge vergangener Tage.

Was macht es schon, wenn der Blick aus dem Fenster nur auf triste Häuserzeilen fällt? Denn es gibt ja das Fernsehen, das Fenster zur Welt. Im Sturm hat es die Wohnstuben erobert und ist zu einem Lebensmittelpunkt aufgestiegen. Die großen Menschheitsträume liegen nicht vor der Tür, sie flimmern in der Kiste! Bunte Unterhaltungssendungen öffnen neue Horizonte für Herz und Seele.

Heute kommt eine der besonders beliebten großen Samstagabendshows, „Wünsch Dir was", eine Produktion des

Österreichischen Rundfunks. Auch nach Deutschland und in die Schweiz wird übertragen, denn es handelt sich um eine grenzüberschreitende Eurovisionssendung. Showmaster ist der Österreicher Dietmar Schönherr im Siebzigerjahre-Chic: beiger Anzug mit Schlaghose, grell gemusterte Krawatte, Topf-Frisur mit verwegen langem Haar. Neben ihm ein hoch aufgeschossener Mann, ein schlaksiger Sonderling mit dunkler Strickjacke, roter Hose, ebensolchen Schuhen, wildem Vollbart und Geheimratsecken.

Ein paar Modelle sind auf dem Boden vor den beiden aufgebaut, sie sehen aus wie Zubehör für die Spielzeugeisenbahn: Bäume, Wiesen, Hügel, dazu selbstgebastelte Wohnschachteln im Schuhkartonformat. Etwas umständlich und mit vielen „Ähs" beschreibt der Mann mit der roten Hose, was er damit zum Ausdruck bringen will. Ungläubig schmunzelt der Showmaster, mühsam ein spöttisches Feixen verbergend. Das Kichern des Publikums schwillt an zum Gelächter. Gar zu aberwitzig ist es, was der Kauz mit der roten Hose da von sich gibt!

Der Mensch solle eins sein mit der Natur, erklärt er, während er eins der grünen Modelle in Händen wiegt. Wo es im Winter weiß sei, da solle es im Sommer grün sein. Jeder habe das Recht auf einen Garten, so groß wie seine Wohnung. Er stellt sich ein Einfamilienhaus vor, auf dessen Dach Schafe weiden können. Das Publikum johlt.

Doch unbeirrt setzt er seinen Vortrag fort. Der Mensch könne gut in der Senkrechten leben, die Waagerechte aber gehöre der Natur. Nun kommt er zu den Wohnschachteln. Er versieht sie mit einem begrünten Dach, im Jahr 1972 ist das so innovativ, dass es abwegig erscheint. Die Schachteln terrassenförmig versetzt, und schon entsteht auch jeweils davor der Raum für kleine Gärten mit richtigen Bäumen. Skeptisch fragt

Schönherr nach den Kosten. „Etwa ein Drittel mehr", meint der Mann mit der roten Hose. Aber Geld sei doch heutzutage unwichtig. Glück könne man mit Geld nicht messen, und seine Häuser brächten hundertmal mehr Glück als andere. Das Lachen des Publikums wird von tosendem Applaus übertönt.

Der da so schrullig seine Visionen verkündete, war 1928 unter dem Namen Friedrich Stowasser in Wien zur Welt gekommen. Der Name schien ihm zu nichtssagend, was „Friedrich" eigentlich bedeutet, veranschaulichte er schon im Alter von 20 Jahren durch Klartext: Frieden – reich, und damit man das leichter aussprechen kann, gab's noch ein Fugen-s. Heraus kam „Friedensreich". Das „sto" des Nachnamens steht in slawischen Sprachen für „hundert", und weil der junge Mann hunderte von Dingen plante, nannte er sich ab jetzt „Hundertwasser". Seinem alten Familiennamen würde er viele Jahre später dennoch die Ehre erweisen. Denn 1994 gestaltete er für eine Jubiläumsausgabe den Einband jenes lateinisch-deutschen Schulwörterbuchs, dass Lateinschülern noch wohlbekannt ist: „der Kleine Stowasser".

Doch bis dahin sollte es ein langer Weg sein. Über Friedensreich Hundertwassers Kindheit lagen dunkle Schatten. Sein Vater starb, als er gerade erst ein Jahr alt war, die Mutter zog ihn allein auf. Mit sieben kam der kleine Friedrich auf eine Montessori-Schule, wo sein kreatives Talent auf fruchtbaren Boden fiel. Doch erneut brachen schreckliche Zeiten an, denn Nationalsozialisten übernahmen die Macht. Die kleine Familie musste in die Leopoldstadt umsiedeln, statt Reformpädagogik erfuhr Friedrich den strengen Drill von staatlicher Schule und Hitlerjugend. Zwar hatte er die katholische Taufe empfangen, doch seine Mutter war Jüdin. Wie durch ein Wunder entging sie trotzdem der Mordgier der Nazis, doch ganze 70 ihrer Verwandten überlebten die Schoah nicht.

Nach Kriegsende schlug Friedrich eine künstlerische Laufbahn ein, schon bald nannte er sich Friedensreich Hundertwasser. Seine akademische Ausbildung brach er nach kürzester Zeit ab und sammelte stattdessen Inspirationen auf Reisen, die ihn nach Italien, Paris und Nordafrika, später in die ganze Welt führten. Hinzu kamen Impulse durch Begegnungen mit anderen Künstlern. Doch Hundertwasser blieb zeitlebens ein Einzelgänger, der sich vom künstlerischen Mainstream absetzte. Die beseelte Natur wurde zu seinem zentralen Thema. Zu seinen Werken ließ er sich treiben, folgte spontanen Eingebungen und zufallsbedingten Mustern. Was er wahrnahm, floss in den abstrahierten, organisch fließenden Strukturen seiner Bilder zusammen, explodierte dabei im Rausch seiner Farbpalette.

Schon bald erregten seine Werke Aufmerksamkeit, er erhielt Preise, wurde als Gastdozent nach Hamburg berufen, stellte auf der Documenta in Kassel aus. Doch zur wirklichen Entfaltung kam seine künstlerische Energie in den abgeschiedenen Oasen, die er an seinen verschiedenen Wohnsitzen schuf, stets umgeben von üppigem Grün.

Immer wieder hielt er Vorträge, in denen er die Entfremdung des Menschen von der Natur anprangerte. Die moderne Art des Wohnens könne weder dem Menschen noch der Natur gerecht werden, Häuser müssten vielmehr für Menschen und Bäume sein. Mit seinem Auftritt bei „Wünsch Dir was" erreichte er erstmals ein breites Publikum, hier konnte er seine Ideen auch jenseits eng begrenzter Künstlerkreise entfalten. Das blieb nicht unbeachtet. Österreichs Bundeskanzler Bruno Kreisky machte sich schließlich persönlich für Hundertwasser stark und empfahl dem Bürgermeister Wiens, dem so einfallsreichen Sohn der Stadt die Verwirklichung eines solchen Wohnprojekts zu ermöglichen. Dies, so entschied man schließlich, sollte in Form eines neuen Gemeindebaus an der Ecke Kegelgasse/ Löwengasse im 3. Wiener Stadtbezirk Gestalt annehmen.

Obgleich im höchsten Maße kreativ und mit geradezu ingeniöser gestalterischer Kraft gesegnet, verfügte Hundertwasser über keinerlei profunde Kenntnisse in der Architektur. Nun, da seine Gedanken sich endlich zu realen Mauern und Bäumen materialisieren sollten, wurde ihm der Architekt Josef Krawina zur Seite gestellt. Die Zusammenarbeit gestaltete sich ruckelnd und konfliktreich, zu weit lagen die Vorstellungen des Künstlers und des Pragmatikers auseinander. Wo für Hundertwasser das „Gespräch mit der Natur" als gleichberechtigtem Partner im Mittelpunkt stand, sah Krawina Bauvorschriften und Einschränkungen durch technische Umsetzungsmöglichkeiten. Verfolgt man die Streitigkeiten der beiden im Detail, erscheint es fast als ein Wunder, dass ihr Haus im Jahr 1985 tatsächlich fertiggestellt wurde.

Das Medienecho schlug noch weit höhere Wellen als der Disput der Baumeister. Die internationale Presse überschlug sich mit Lob, die Weltöffentlichkeit blickte mit Staunen auf Wien. Denn hier war etwas vollkommen Neuartiges zur Realität geworden.

Nur zwei Jahre nach Eröffnung des Hundertwasserhauses kam ich nach Wien, an einem lichten Sonnentag, weit entfernt von allem farbentristen Regenschleier, den Hundertwasser mit den Worten „Regentag" und „Dunkelbunt" inzwischen seinem Künstlernamen hinzugefügt hatte. Eine duftige Atmosphäre von Sommerglück und Leichtigkeit lag über der Stadt. Und mit einem Mal stand ich vor diesem Haus, in dem sich all die Beschwingtheit zu kumulieren und zu kristallisieren schien!

Lauschig plätscherte ein Brünnlein, in Wellen wogte das Pflaster. Entlang der Fassade vereinten sich schwungvolle Flächen zu einem farbenfrohen Patchwork aus frischen Pastelltönen, teilweise verschachtelt, gekrönt von einem vergoldeten Zwiebeltürmchen. Verspielte Balkönchen, vorwitzige Erker und all die verschiedenen Fenster! Niemals stringent, scheinbar ganz willkürlich angeordnet. Nichts folgte hier starrer Symmetrie oder geometrisch gerader Linie. Und überall spross das salatfrische Grün der 200 Bäume, die zu diesem Baukunstwerk gehörten. Es mutete an wie ein Palast aus einem Märchenbuch.

An der Seite lugte scheinbar noch der Rest eines Baus aus der Gründerzeit hervor, es wirkte, als schliefe das alte Haus, gleite dabei hinüber ins Reich der Träume und wandle sich selbst zu einem surrealen Traumgespinst. Ganz so, als sei Pippi Langstrumpf am Werk gewesen und habe das alte Stadthaus mit bunten Farbtöpfen und frechem Lachen in eine kunterbunte Villa verzaubert.

Nicht nur mich zog diese zu Stein und Baum gewordene Fata Morgana in ihren Bann. Mehr als eine Million Menschen pilgern inzwischen Jahr für Jahr zum Hundertwasserhaus, dessen Bewohner hinter der bunten Fassade so unsichtbar bleiben wie die 52 Wohnungen selbst. Mit unebenen Böden und versetzten Ebenen sind auch die Innenräume unkonventionell gestaltet, wer Näheres erfahren will, kann sich vom Künstler selbst durch das Gebäude führen lassen. Natürlich nicht persönlich, denn Friedensreich Hundertwasser starb im Jahr 2000. Doch immerhin in einem Film, den das Kaffeehaus im Erdgeschoss des Hundertwasserhauses zeigt.

Zu Beginn der Neunzigerjahre entstand aus einer Reifenwerkstatt auf der anderen Straßenseite das Hundertwasser Village, das mit entsprechender Infrastruktur dem gewaltigen Besucherstrom Rechnung trägt. Hundertwasser gestaltete es auf Basis der alten Bausubstanz zu einem verspielten Basar von Kunst und Kommerz.

Mit ihrer unbeschwerten Fröhlichkeit würden Haus und Village auch unseren Kindern Freude bereiten, so dachte ich. Nach Fiaker und Hofreitschule fuhren wir also gleich am nächsten Morgen mit der Tram dorthin. Winterlich kalt, doch immerhin sonnig, versprach es, ein schöner Tag zu werden. Zu der frühen Stunde lag das Hundertwasserhaus allerdings noch im Schatten der Straßenschlucht. Aber nicht nur das, in den fast drei Jahrzehnten, die inzwischen vergangen waren, hatte sich ein grauer Schatten der Vergänglichkeit über die Fassade gelegt. Verblasst all der regenbogenbunte Übermut, gewichen dem Schrei nach frischer Farbe.

Stirnrunzelnd sahen die Kinder mir zu, wie ich trotzdem Fotos schoss. Was war denn so Besonderes an diesem Haus? Schließlich hat Hundertwasser noch etliche andere Gebäude gestaltet, in Magdeburg und in Bad Soden, in Wittenberg, Frankfurt, Darmstadt und an vielen anderen Orten mehr. Zahlreiche davon hatten wir schon besichtigt, vom Kindergarten bis zur Autobahnraststätte, und allesamt wirkten sie deutlich frischer als dieses heruntergekommene Haus. Doch das Wiener Hundertwasserhaus ist das allererste in einer Reihe von 40 Bauwerken des Künstlers, es ist damit der Vorreiter seiner Vision vom Leben zwischen Kunst, Natur und Menschlichkeit.

Wir sind dann etwas weiterspaziert, entlang am nahen Donaukanal zum Pavillon beim Anleger der Donau-Schifffahrtsgesellschaft. Auch diesen Pavillon hat Hundertwasser geschaffen, er ist nicht sonderlich groß, aber vom typisch organisch-orientalischen Schwung. Und endlich erreichten wir das Kunst Haus Wien, ebenfalls ein Werk Hundertwassers. Auf 1.600 Quadratmetern zeigt es Arbeiten des Meisters, und die Architektur ist womöglich noch kreativer, noch facettenreicher, asymmetrischer und bunter als die des Hundertwasserhauses. Auf jeden Fall wirkte es in der Morgensonne dieses Wintertages lebendig und heiter.

In aller Ruhe sind wir durch die Ausstellung spaziert, danach genossen wir eine Auszeit im wuchernden Märchenwunderland des kleinen Museumscafés. Und endlich ist der Funke auch auf die Kinder übergesprungen.

Wie werden sie erst über das staunen, was sie am Nachmittag erwartet! Denn dann fahren wir hinaus zur Müllverbrennungsanlage Spittelau im 9. Bezirk. Und dort werden sie sehen, wie die geniale Schaffenskraft Friedensreich Hundertwassers diesen Ausbund an Hässlichkeit in ein magisch schönes Schloss der Fantasie verwandelt hat.

Wer hätte sich das alles träumen lassen, damals, an jenem Samstagabend bei „Wünsch Dir was"? Doch manchmal werden Wünsche eben Wirklichkeit.

Esterházy-Torte

Zutaten:

5 Eier
3 Eiweiß
200 ml Sahne
200 ml Milch
300 g Puderzucker
300 g Fondant (weiß)
2 Pck. Vanillezucker
1 Pck. Vanillepuddingpulver
220 g geriebene Haselnüsse
100 g Haselnusskrokant

50 g Mehl
250 g Butter (zimmer-
warm)
4 cl Kirschwasser
50 g Marillenmarmelade
(Aprikosenmarmelade)
50 g Zartbitterschokolade
die fein abgeraspelte Schale
einer unbehandelten Zitrone
Salz

Zubereitung:

Die Eier in Eiweiß und Eigelb trennen. Die 8 Eiweiße mit einer Prise Salz zu sehr steifem Eischnee schlagen. 220 g Puderzucker einrieseln lassen und gut untermischen. 50 g Butter zerlassen und zusammen mit dem Mehl, dem Vanillezucker, der Zitronenschale und den geriebenen Haselnüssen mit dem Mixer gut unter die Masse mischen. Die Masse in 5 gleiche Teile aufteilen und jedes davon kreisrund (Durchmesser ca. 25 cm) auf Backpapier ausstreichen. Den Backofen auf 200°C vorheizen und jedes Teigrund 10 Minuten darin backen.

Für die Creme das Puddingpulver mit 80 g Puderzucker, den 5 Eidottern und 3 El von der Milch vermischen. Die restliche Milch und die Sahne mit 1 Pck. Vanillezucker aufkochen, die Puddingpulvermischung mit dem Schneebesen einrühren, kurz aufkochen, ganz abkühlen lassen und 2 cl Kirschwasser unterrühren. Die restliche Butter cremig aufschlagen, dabei nach und nach den Pudding unterrühren.

Einen der Tortenböden auf eine Platte setzen, mit Creme bestreichen und den nächsten Tortenboden aufsetzen. So weiterverfahren bis zum letzten Boden, dann den Rand mit der restlichen Creme bestreichen, nicht aber die Oberseite des letzten Bodens.

Die Marillenmarmelade mit 2 cl Kirschwasser in einem Topf erhitzen und den obersten Boden damit bestreichen. Das Fondant nach Packungsanweisung erhitzen, über die Torte gießen und schnell glatt streichen. Das Haselnusskrokant auf dem Tortenrand verteilen.

Die Schokolade zerbröckeln, in einen Gefrierbeutel geben und im Wasserbad schmelzen. Eine kleine Ecke des Beutels abschneiden und die Schokolade dünn in Form einer Spirale über die Oberseite der Torte ziehen. Sofort mit einem Zahnstocher in gleichmäßigem Abstand abwechselnd von der Mitte nach außen und von außen zur Mitte Querstreifen durch die Schokoladenspirale ziehen, um das typische Muster der Esterházy-Torte zu erhalten.

Bis zum Servieren in den Kühlschrank stellen (möglichst über Nacht).

Die Esterházy-Torte wurde zur Zeit der k. u. k. Monarchie Anfang des 20. Jahrhunderts in Budapest kreiert und ist in Wien sehr beliebt.

Blut und Teufelsbund – Wiener Schauergeschichten

Sie ist von außerordentlicher Schönheit. Wie Alabaster schimmert ihre zarte Haut, in glänzender Flut wallen ihre langen schwarzen Locken. Kirschrot ihre Lippen, ein rosiger Hauch auf den Wangen, groß und dunkel ihre unergründlichen Augen. Doch ihre Miene ist ernst. Kein Lächeln zaubert Sanftmut in die Züge, eine unausgesprochene Frage liegt verborgen in ihrem Blick. Ihr kostbarer Liebreiz, ist er nicht nur ein zerbrechlicher Hauch? Wie kann sie diese wunderbare Anmut bewahren, in dieser Welt der Vergänglichkeit?

Behutsam kämmt die Dienerin ihr weiches Haar, während sie noch bedrückt und voller Zweifel in den Spiegel blickt. Ein Wimpernschlag der Unaufmerksamkeit, und der feine Kamm verfängt sich in einer wirren Strähne. Wutentbrannt fährt sie aus ihren sorgenvollen Gedanken, ihre Hand schlägt heftig aus und trifft das Mädchen mitten ins Gesicht. Blut quillt aus deren aufgeplatzter Lippe, ein Tropfen davon bleibt auf der Hand der Dame. Angewidert greift sie ein weiches Tuch und wischt ihn fort. Nichts darf ihre zarte Haut besudeln!

Doch während sie noch ihre Hand betupft, weiten sich ihre Augen. Strahlt die Haut nicht frischer, reiner und gesünder dort, wo sie das Blut berührte? Ein satanischer Glanz regt sich in ihren Augen, finsteres Schmunzeln zuckt um ihren Mund.

Sollte dies die Lösung sein? Kann das Blut junger Mädchen ihren betörenden Zauber schützen? Hat sie den Quell ewiger Jugend entdeckt?

Von solch dämonischen Gedanken soll Elisabeth Báthory ergriffen worden sein, die 1560 als Tochter eines ungarischen Adeligen und der Schwester des polnischen Königs zur Welt kam. Mit 14 heiratete sie Franz Nádasdy, einen fünf Jahre älteren ungarischen Grafen. So tiefschwarz wie sein Haar sei auch seine Seele gewesen, heißt es von ihm. Er kämpfte schon in jungen Jahren gegen die Osmanen und erwarb sich dabei einen Ruf als so grausamer Schlächter, dass die Osmanen ihn als „der schwarze Ritter" fürchteten.

Vielleicht prägte der ruchlose Charakter ihres Mannes auch die junge Gräfin. Wann genau sie der Wahn befiel, ist nicht überliefert. Über viele Jahre lebte sie auf ihrer Burg Schächtitz, etwa 120 Kilometer östlich von Wien in der heutigen Slowakei. Meist blieb sie allein hinter den abweisenden Mauern zurück, denn wie im Blutrausch zog es Franz immerfort von Schlacht zu Schlacht. Zwei ihrer fünf Kinder starben früh, und vielleicht erholte sich Elisabeth nie wirklich von Schmerz und Einsamkeit.

Als Franz schließlich einer schweren Krankheit erlag, erbte Elisabeth sein enormes Vermögen und die damit verbundene Macht. Ihr gehörten Burgen, Landgüter und Ländereien von Transsilvanien bis Österreich, dazu diverse Stadthäuser. Weil auch ihr Bruder inzwischen gestorben war, fielen ihr zudem dessen Besitz sowie die Stellung des Familienoberhaupts zu. Dieses Maß an Reichtum und Autorität stellten für eine Frau in jener Zeit eine bemerkenswerte Besonderheit dar.

Doch Gräfin Elisabeth war inzwischen Mitte vierzig, ein Alter, in dem sich eine Frau Gedanken macht. Die Blüte der Jugend ist längst vergangen, der Abgrund von Alter und

Verfall beginnt sich immer erschreckender zu öffnen. Eine Kränkung, die Elisabeth nicht widerstandslos hinzunehmen gedachte. Zumal sie, von ihrem Erscheinungsbild verwöhnt, sich geradezu zwanghaft mit Schönheitspflege befasste. Nicht zuletzt wollte sie schließlich auch ihrem jugendlichen Liebhaber gefallen.

Längst tuschelten die Leute, raunend verbreiteten sie unheilvolle Geschichten. Denn immer mehr junge Frauen verschwanden auf unerklärliche Weise. Und viele von ihnen hatten zuvor in Diensten der Gräfin gestanden. Was wusste Elisabeth über ihren Verbleib? Welch grausiges Geheimnis hütete sie?

Auch in Wien, wo Elisabeth ein Stadthaus besaß, wurde damals eine Vielzahl junger Mädchen vermisst. Schaudernd blicke ich an der blassgelb verwitterten Fassade des wuchtigen Renaissancehauses in der Augustinerstraße empor, dem Wiener Domizil der Elisabeth Báthory. Die Straße ist eine nichtssagende, enge Gasse, im Erdgeschoss des Hauses befinden sich ein Souvenirladen, eine schmucklose Pizzeria. Achtlos wäre ich hier vorbeigegangen, wenn wir nicht an einer Führung teilnehmen würden. Sie trägt das Motto „Mörder, Hexen, Henker", eine Stadtführung der gruseligen Art, mit der wir einem ausdrücklichen Wunsch der Kinder Rechnung tragen. Wir haben bereits das Haus des Henkers von Wien gesehen und den letzten Weg der zum Tode verurteilten Delinquenten beschritten. Allerdings nicht bis hinaus zur Hinrichtungsstätte auf der Gänseweide, dem heutigen Weißgerbergelände im 3. Bezirk. Jedoch haben wir die grausige Geschichte von Elsa Plainacher gehört, die dort 1583 auf dem Scheiterhaufen ihr Ende fand.

Genau wie Elisabeth Báthory hielt auch sie Eingang in die Annalen jener Epoche. Als Frau eines Kleinbauern zog sie in Niederösterreich einen Sohn und eine Tochter groß. Die Tochter heiratete Georg, ebenfalls ein Bauer, und bekam drei Kinder. Doch als sie viele Jahre später in bereits fortgeschrittenem Alter erneut ein Kind zur Welt brachte, überlebte sie die Geburt nicht. Auf dem Sterbebett nahm sie ihrer Mutter das Versprechen ab, sich um das neugeborene Mädchen zu kümmern. Darüber entbrannte ein wütender Streit mit dem Schwiegersohn Georg. Doch Elsa setzte sich durch und nahm die Enkelin zu sich. Das Mädchen erhielt den Namen Anna.

Aus unergründlicher Ursache starben schon bald darauf die drei älteren Geschwister Annas. Vielleicht um ihm über diesen Verlust hinwegzuhelfen, gab Elsa die kleine Anna für ein halbes Jahr zu Georg. In dieser Zeit erkrankte das Kind an Epilepsie. Die unvermittelt auftretenden Anfälle versetzten die Menschen damals in Angst und Schrecken, und weil niemand ihre Ursache kannte, hielt man sie für eine Heimsuchung des Teufels.

Wer trug die Schuld an all dem Unglück? Elsa! Georg bezichtigte sie, mit dem Leibhaftigen im Bunde zu sein, die Schuld sowohl am Tod ihrer Tochter und Enkel als auch an Annas offenkundiger Besessenheit zu tragen. Er zeigte sie wegen Hexerei an. In seinem Dorf fanden sich ein paar böswillige Frauen, die die Anschuldigungen bestätigten. Weil Elsa auch noch zum Protestantismus übergetreten war, und das im erzkatholischen Österreich, mischte sich der Wiener Bischof persönlich in die Angelegenheit ein und ließ einen Hexenprozess eröffnen. Es half nicht, dass Ärzte und Pfarrer sich für Elsa einsetzten, darauf beharrten, die Alte sei schwachsinnig und gehöre ins Spital.

Denn zur gleichen Zeit kam ein Jesuit nach Wien, der fanatisch gegen den Protestantismus ins Feld zog. Er hielt eine Brandrede vor dem Stephansdom und hetzte bei dieser Gelegenheit blindwütig gegen die Hexerei. Die Stimmung brodelte hoch, tobend forderte der Mob die Folter von Elsa Plainacher, um sie zum Geständnis zu bewegen.

Dreimal wurde sie grausamer Folter unterzogen, bis ihre Kräfte schwanden und sie endlich sagte, was der Scharfrichter hören wollte. Mit ihrer Hinrichtung sollte sie ein trauriges Einzelschicksal ereilen. Denn sie ist die einzige Frau, die in Wien jemals als Hexe auf dem Scheiterhaufen verbrannt wurde. Das ist erstaunlich, wenn man bedenkt, dass der Wahn in ganz Europa zwischen 40.000 und 60.000 Todesopfer forderte.

Was hilft es Elsa Plainacher, dass heute eine Straße im 22. Bezirk nach ihr benannt ist? Und dass man inzwischen davon ausgeht, ihr Schwiegersohn sei ein grobschlächtiger Trinker gewesen, dessen Gewalttätigkeit im Hintergrund der tragischen Ereignisse in seiner Familie stand? Und der zudem mit der Erbschaft von Elsas Hof ein durchaus gewichtiges Motiv besaß, sie zu denunzieren?

Aber die tragische Geschichte von Elsa Plainacher wird in den Hintergrund gedrängt, als unser Guide jetzt von der „Blutgräfin" berichtet.

Elisabeth Báthory, vor deren Haus wir gerade stehen, soll von der Idee besessen gewesen sein, ihre Schönheit mittels Bädern im Blut junger Frauen erhalten zu können. Und schlimmer noch, sie soll Gefallen daran gefunden haben, ihre Opfer vor dem Tod im wahrsten Sinne bis aufs Blut zu quälen. Denn der Anblick des Blutes habe sie in äußerste Verzückung gesetzt, so wurde später behauptet. In ihrem Folterkeller habe eine Eiserne Jungfrau gestanden, ein innen mit Stacheln beschlagener Hohlkörper, aus dem das Blut direkt in die gräfliche Wanne gelaufen sein soll.

Und damit nicht genug. Sie habe auf ihre Opfer eingeschlagen, bis deren Haut aufplatzte, habe ihnen Nadeln durch die

Finger getrieben, ja sogar Stücke aus ihren Körpern gebissen. Ihre Münder zugenäht, ihre Haut mit Scheren aufgeschnitten und mit Kerzen verbrannt. Sie im Winter bei eisiger Kälte gefesselt in den Hof gestellt und immer wieder mit kaltem Wasser übergießen lassen, bis es an ihnen gefror. Um ihnen nach all diesem Grauen die Schlagader zu durchtrennen, sie ausbluten zu lassen und sich in ihrem Lebenssaft zu wälzen, um dessen Kräfte zu absorbieren.

Zeugen wollen Steine gegen die Fenster geworfen haben, wenn sie wieder einmal Schmerzensschreie aus dem Inneren des Wiener Stadthauses hörten. Die Leichen, bisher kurzerhand im Keller entsorgt, ließ Elisabeth schließlich in den Wiener Stadtgraben werfen. Es waren einfach zu viele geworden. Die Wiener wunderten sich über die blutleeren Leichen, Gerüchte kamen auf, dass Vampire ihr Unwesen trieben. Bald ging die blanke Angst in den Gassen um.

650, diese Ziffer soll Elisabeth persönlich in ihrem akribisch geführten Verzeichnis notiert haben. 650 Mädchen, die der Blutgräfin zum Opfer fielen? Welch eine bizarre Horrorstory!

Schließlich kam es zum Eklat. Vielleicht wäre es niemals so weit gekommen, hätte sich die Gräfin weiterhin auf einfache Bauernmädchen beschränkt. Denn für deren Wohl und Wehe interessierte man sich in höheren Gesellschaftskreisen damals nicht wirklich. Doch eines Tages verschwand in Wien die junge Sängerin Helene Harczy, ihrerseits Angehörige des niederen ungarischen Adels. Man wusste sich zu erzählen, dass Helene in den letzten Tagen im Haus an der Augustinerstraße 12 aus- und eingegangen sei. Elisabeth Báthorys Haus, und diese hielt sich gerade dort auf.

Nun verdichteten sich die Gerüchte zur offenen Anklage. Der ungarische König ließ schließlich Burg Schächtitz stür-

men, die damals auf seinem Hoheitsgebiet lag. Denn dorthin
hatte Elisabeth sich alsbald zurückgezogen. Gleich im Burghof
habe man die Leichen von getöteten Mädchen gefunden, ver-
lautbarte es. Die Gräfin wurde unter Hausarrest gestellt, ihre
Dienerschaft verhaftet. Einige davon wurden mitangeklagt, als
es schließlich zum Prozess kam. Denn natürlich konnte die
Gräfin ihre Verbrechen nicht allein begangen haben.

54 Zeugen wurden während der Verhandlung vernom-
men, die abscheulichsten Dinge offenbarten sich. Nicht alle
Mitangeklagten gestanden freiwillig, im Zweifel half die Folter
nach. Doch immerhin reduzierte sich die Zahl der Opfer auf
vielleicht 36, vielleicht 80, möglicherweise auch 175. Niemand
wusste es so genau.

Die Verurteilten richtete man hin. Die Gräfin selbst kam
beim Prozess nicht zu Wort. Weder gewährte man ihr das
Recht auf Verteidigung, noch bezwang man sie durch Folter.
Letzteres verbot sich für eine Dame ihres Standes.

Sie wurde stattdessen zu lebenslanger Haft auf Burg
Schächtitz verurteilt. Schon bald begann die Mär zu kursieren,
die blutrünstige Gräfin sei dort lebendig eingemauert worden.
Doch Elisabeth Báthory starb erst im August 1614, vier Jahre
nach ihrer Gefangensetzung.

Nachdenklich lasse ich meinen Blick noch einmal über die
morbide Fassade des Hauses in der Augustinerstraße schweifen, bevor wir weitergehen. Hat hier wirklich die größte Mas-
senmörderin aller Zeiten gelebt?

Die Geschichte der Elisabeth Báthory wurde nach Strich
und Faden ausgeschlachtet, es gibt eine Fülle von Grusellegen-
den, schaurigen Gedichten, Romanen und Filmen, die
fürchterliche Dinge über die Frau im Blutbad erzählen. Doch
betrachtet man die ganze Angelegenheit nüchtern, so ist Elisabeth Báthory am Ende vielleicht nur das Opfer einer perfiden

Intrige geworden. Nicht nur ihre Macht, ihr Reichtum und nicht zuletzt ihr Geschlecht machten sie zur Zielscheibe, hinzu kam die Tatsache, dass das Adelshaus Báthory schon lange im Zwist mit den Habsburgern stand.

Es gab also durchaus Gründe, sich der Gräfin Báthory zu entledigen. Zumal die beiden letzten männlichen Nachfolger in der Hierarchie der Báthorys um die gleiche Zeit herum das Zeitliche segneten, der eine ermordet, der andere rein zufällig verstorben. Damit waren die für die Habsburger so unliebsamen Báthorys aus dem Weg geräumt. Der umfangreiche Prozess gegen Elisabeth Báthory hat allerdings tatsächlich stattgefunden, er ist urkundlich dokumentiert. Hätte man sich wirklich so große Mühe machen müssen, nur um sie loszuwerden?

Übriggeblieben sind die Ruinen von Burg Schächtitz und ein tristes Haus in Wien. Gemäuer, die beharrlich schweigen. Was wirklich geschah, verbirgt sich für immer im Dunkel der Geschichte.

Rosemaries Baby – ein Cocktail aus Wien

Zutaten für 4 Gläser:

25 g frische Rosmarin-
nadeln
50 g Vollrohrzucker
1 unbehandelte Zitrone
16 cl Gin

8 cl Ingwerlikör
400 ml Johannisbeersaft
rote Johannisbeeren zum
Dekorieren

Zubereitung:

Für einen Rosmarinsirup den Vollrohrzucker mit 100 ml Wasser vermischen und langsam erhitzen, aber nicht kochen lassen. Rühren, bis der Zucker vollständig gelöst ist. Die Zitrone waschen, in dünne Scheiben schneiden und zusammen mit den Rosmarinnadeln hinzugeben. Bei sehr milder Hitze 30 Minuten ziehen lassen, dann durch ein Sieb in ein Gefäß abgießen, dabei die Zitronenscheiben ausdrücken. Vollständig abkühlen lassen.

Den Rosmarinsirup auf vier hohe Gläser verteilen, mit Gin, Ingwerlikör und Johannisbeersaft aufgießen, gut umrühren und den Glasrand jeweils mit einer Rispe Johannisbeeren dekorieren.

Dieses leicht abgewandelte Rezept stammt im Original aus der Wiener Bar „Spelunke" am Donaukanal in der Leopold-stadt.

Seelen am Abgrund – auf der Couch von Siegmund Freud

Was hätte er wohl zum grausamen Treiben der Elisabeth Báthory gesagt? Dieser Mann mit penibel gepflegtem weißen Bart und großen fragenden Augen hinter kreisrunden Brillengläsern, in elegantem Tweedanzug, die Weste mit vornehmer Uhrkette? Seine zugewandte Haltung scheint signalisieren zu wollen, dass er die Probleme seines Gegenübers erahnt. Im nächsten Augenblick schon könnte er sagen: Vertrauen Sie mir, öffnen Sie sich und erzählen Sie mir davon, ich helfe Ihnen!

Es ist eine alte Schwarzweißfotografie von Siegmund Freud, die ich betrachte. Aufgenommen in bereits fortgeschrittenem Alter, erzählt sie von kluger Autorität und wohlbegründeter Selbstgewissheit. Aber seinem Blick scheint auch ein verborgener Zweifel innezuwohnen, eine tiefliegende Resignation vor den Abgründen der menschlichen Seele.

Siegmund Freud war nämlich zu der Erkenntnis gelangt, dass der oft so zerstörerischen Grausamkeit des Menschen ein instinktiver Trieb zugrunde liege, der im Widerstreit zum ebenfalls angeborenen Drang nach liebevoller Vereinigung stehe. Zwei Extreme, zwischen denen jeder Mensch hin- und hergerissen sei und vor denen es kein Entrinnen gebe, da sie zur Grundausstattung unserer Spezies gehörten. Die Aggression und der damit verbundene Vernichtungswille, so meinte Freud, seien unvermeidlich, blutige Auseinandersetzungen und Kriege daher deren unabdingbare Folge. Der einzige Ausweg bestehe darin, die Angriffslust des Menschen in positive Bahnen umzulenken, auf diese Weise Schaden abzuwenden und ihre immanente Kraft im konstruktiven Sinne nutzbar zu machen.

Welch grauenvolle Auswüchse der Aggressionstrieb annehmen kann, war Freud inzwischen wohlbekannt. Denn nicht nur die Menschheitsgeschichte im Allgemeinen und jahrzehntelange Analyse von Patienten im Besonderen hatten ihn dies gelehrt. Vielmehr übertrafen die Nationalsozialisten mit ihrer zynischen Destruktivität seine ärgsten Befürchtungen. Denn nach 47 Jahren, während derer er in der Berggasse im 9. Wiener Stadtbezirk gelebt und als Psychoanalytiker praktiziert hatte, musste er nach dem Anschluss Österreichs ans Nazireich im Jahr 1938 seine Heimat verlassen. Er begab sich ins Exil nach London, wo er schon im darauffolgenden Jahr starb, drei Wochen nach Ausbruch des Zweiten Weltkriegs.

Siegmund Freud entstammte einer jüdischen Familie, und obwohl er nicht religiös war, ganz im Gegenteil die Religionen sogar scharf kritisierte und sich als Atheisten bezeichnete, so fühlte er sich der jüdischen Tradition doch verbunden. Den Nazis ging es bekanntlich nicht um die praktische Ausübung von Religion, sondern einzig um die Abstammung des Menschen, mit der sie ihren widerwärtigen Rassismus begründeten. Konnte sich die Bereitschaft zur skrupellosen Ausmerzung anderer Menschen deutlicher manifestieren als in Ideologie und Praxis der Nazis?

Als ich das erste Mal nach Wien kam, besuchte ich auch das Siegmund-Freud-Haus in der Berggasse 19, wo schon 1971 die ehemaligen Praxisräume Freuds, die seiner früheren Wohnung auf der gleichen Etage gegenüberliegen, als

Museum eröffnet worden waren. Durch das repräsentative Bogenportal des Jugendstilgebäudes betrat man ein lichtes Treppenhaus, geschmückt mit aufwendigen Stuckaturen und kunstvoll geschmiedetem Geländer. Alles daran wirkte respekteinflößend.

Ich erinnere mich noch sehr lebhaft an die berühmte Couch im Behandlungszimmer. Ehrfurchtgebietend stand sie dort, überworfen mit einem dicken Orientteppich, die rückwärtige Wand mit einem ebensolchen Teppich bespannt. Wenn dieses Möbelstück doch hätte reden können! Ich dachte an all die Seelenabgründe, die sich hier einst aufgetan haben mochten. Und zugegebenermaßen auch an den Staub, der sich in den Fasern der Teppiche verfing.

Ich wusste freilich nicht, dass ich damals bloß einer Illusion unterlag. Nach gründlicher Renovierung wurde das Siegmund-Freud-Museum im August 2020 wiedereröffnet, und jenes Behandlungszimmer ist nun kahl und leer. Keine Couch, lediglich die Nagellöcher in der Wand erzählen von dem Teppich, der hier einst hing. Nur alte Fotos erinnern an die vormalige Ausstattung des Raums.

Die originale Couch hat Siegmund Freud mit ins Londoner Exil genommen, dort steht sie bis heute in seinem Haus im Stadtteil Hampstead. Wie er selbst ist sie niemals nach Wien zurückgekehrt. Was ich damals sah, war nichts als ein Replikat. Die Museumsleitung hat davon Abstand genommen, es zu behalten.

Die Leere soll einen Bezug zu der dunklen Geschichte herstellen. Das Museum erinnert deshalb auch an die 80 jüdischen Bürger, die nach Freuds Auszug in diesen Räumen eingesperrt auf ihre Deportation in die Vernichtungslager warten mussten. Die Ausstellung scheint damit einem Lehrsatz Siegmund Freuds folgen zu wollen: Die Gegenwart kann man nicht genießen, ohne sie zu verstehen, und nicht verstehen, ohne die Vergangenheit zu kennen.

Siegmund Freud kam 1856 im mährischen Freiburg zur Welt, doch schon drei Jahre später zog die Familie nach Wien. Von diesem Schritt versprach sich der Vater bessere geschäftliche Perspektiven als Tuchhändler. Freud besuchte das Gymnasium, schloss sein Medizinstudium an der Wiener Universität mit Bestnoten ab, promovierte im Alter von 25 Jahren, arbeitete an der Universitätsklinik mit Schwerpunkt auf Neuropathologie. Letztere befasst sich mit den Erkrankungen des zentralen Nervensystems und der Hirnhäute.

Während eines sechsmonatigen Studienaufenthalts in Paris lernte Freud 1885 die Hypnose kennen, die dort zu diagnostischen Zwecken eingesetzt wurde. Dieses Verfahren faszinierte ihn sofort. Er eignete sich selbst umfassende Kenntnisse darin an, da er sich erhoffte, auf diese Art Zugang zu unbewussten Vorgängen zu erlangen und die Funktionsweise des menschlichen Gehirns besser zu verstehen. 1886 eröffnete er seine Privatpraxis für Nervenheilkunde, im gleichen Jahr heiratete er. Fünf Jahre später bezog er mit seiner Familie Wohn- und Praxisräume in der Berggasse 19. Zu diesem Zeitpunkt hatte die junge Familie bereits drei Kinder, drei weitere sollten hinzukommen.

Von der Hypnose wandte er sich jedoch ab, nachdem das Verfahren nicht die erhofften Erfolge erzielte. Stattdessen begann Freud, sich mit der Deutung von Träumen zu beschäftigen. In diesen, so vermutete er, spiegelten sich unterdrückte Wünsche der Träumenden, und diese wiederum erzählten vom Unbewussten, das sich hinter dem offenkundigen Auftreten einer Person verbarg. Dies, so Freuds Annahme, sei der geheime Motor hinter den oft so unerklärlichen Verhaltensweisen der Menschen. Seine Entdeckung der verborgenen Psyche

stellte etwas bahnbrechend Neuartiges dar. Hatte man alle auffälligen Symptome eines Menschen bisher doch ausschließlich
auf physische Krankheitsbilder zurückzuführen versucht.

Von entscheidender Bedeutung für Freuds wissenschaftliche Arbeit war die Begegnung mit der Wienerin Bertha
Pappenheim, die unter dem Pseudonym Anna O. Eingang in
die Geschichte der Psychoanalyse finden sollte. Im Alter von
21 Jahren wurde Pappenheim aus unerfindlichen Gründen
von Symptomen befallen. Wiederkehrende Halluzinationen
und Angstzustände drangsalierten sie, Schmerzen, Sehstörun-
gen und Lähmungen stellten sich ein. Die Worte blieben ihr
derart im Halse stecken, dass sie sich zeitweise nur noch auf
Englisch oder Französisch verständigen konnte. Doch nach
Abklingen ihrer Anfälle vermochte sie sich an nichts von
alldem mehr zu erinnern.

Kein Arzt war imstande, Bertha Pappenheim zu helfen.
Erst Freuds Kollege Josef Breuer erzielte Erfolge mit einer neuartigen Behandlungsmethode, welche er gemeinsam mit Freud
analysierte. Auch Breuer ging davon aus, dass manche Symp-
tombilder psychische Ursachen haben könnten. Pappenheims
eigenartige Erkrankung diagnostizierten Freud und Breuer als
„Hysterie", womit im Wesentlichen die vielfältigen Formen
von auffälligem Verhalten zusammengefasst wurden, die wir
heute als Neurosen bezeichnen würden.

Die Therapie bestand darin, die Patientin in freier Asso-
ziation von ihren Halluzinationen und Wahnvorstellungen
erzählen zu lassen, um dabei das jeweils auslösende Erlebnis
und im letzten Schritt die eigentliche Ursache zutage treten zu
lassen. Indem die Patientin sich darüber bewusst wurde, sollte
letzten Endes der Behandlungserfolg eintreten, ein mühsamer
Prozess, der sich über zwei Jahre und mehr als 1.000 Thera-
piestunden hinzog. Die Auswertung dieser Behandlung durch

Breuer und Freud sollte zur bahnbrechenden Grundlage der Psychoanalyse geraten, der Fall Bertha Pappenheim gilt als ihr erster Meilenstein.

Freuds Schlussfolgerung besagte, dass den von „Hysterie" verursachten Störungen frühere traumatische Erlebnisse der Patienten zugrunde liegen mussten. Mithilfe der frei fließenden Gedanken und des strukturlosen Formulierens könnten diese aus der Dunkelkammer der Psyche ans Licht gebracht, erkannt und schließlich überwunden werden. Insgesamt 130 Patienten sollten sich dieser Methode unter Freuds Anleitung unterziehen, entspannt hingestreckt auf der mit Perserteppich, Kissen und Decke ausstaffierten Couch, unbeeinflusst von jedweden Reaktionen seitens des Therapeuten. Das Heilmittel sollte jeder in sich selbst entdecken.

Aus seinen Erkenntnissen folgerte Freud darüber hinaus, dass die menschliche Psyche in drei Bereiche zu unterteilen sei: das Es, das Über-Ich und das Ich. Davon bestehe das Es aus den angeborenen Trieben, das Über-Ich hingegen aus anerzogenen Moral- und Wertvorstellungen. Das Ich schließlich übernimmt die Vermittlerrolle zwischen diesen beiden Polen der Psyche, indem es zwischen ihnen abwägt und bewusste Entscheidungen trifft. Der ständige Konflikt zwischen allen drei Instanzen bestimmt das menschliche Handeln. Entsteht ein Ungleichgewicht zwischen ihnen, so äußert sich dies in psychischen Erkrankungen. Diese Erkenntnis bildete die wissenschaftliche Basis für die Entwicklung der Psychoanalyse.

Erstmals in der Geschichte der Selbstreflexion des Menschen fokussierte Freud sein analytisches Auge dabei auch auf die Bedeutung der Sexualität. Es ist ihm oft vorgeworfen worden, dass er den Sexualtrieb in den Mittelpunkt seiner Argumentation gestellt und dessen Ursächlichkeit für psychische Störungen damit überschätzt habe. Man verspottete ihn seinerzeit sogar als „Dr. Sex". Hierbei darf man aber nicht außer Acht lassen, dass den Zeitgeist seiner Epoche eine extreme Prüderie kennzeichnete. Allein die offene Thematisierung der Sexualität stellte deshalb schon einen Tabubruch dar.

Das theoretische Gebäude, das Freud basierend auf seinen Erkenntnissen im Lauf der Jahre entwarf, ist von anderen in vielfältige Richtungen weiterentwickelt worden. Er ist auch kritisiert, in mancherlei Hinsicht sogar widerlegt worden. Freud hat Fehler gemacht, hat sich mitunter sogar selbst widersprochen. Doch ist unbestreitbar, dass er mit der Entwicklung der Psychoanalyse das Tor zu einem völlig neuen Weg der Selbsterfahrung aufstieß.

So akribisch er seine Studien betrieb, so eisern organisierte er auch seinen Tagesablauf. Täglich um Punkt sieben Uhr stand er auf, nach dem Frühstück erschien der Barbier, um Freuds Bart akkurat zu stutzen und sein Haar zu richten. Anschließend Sprechstunden, bis Punkt ein Uhr der Gong zur Mittagssuppe rief, woraufhin er mit seiner Familie am gedeckten Tisch Platz nahm. Dann ein ausgedehnter Verdauungsspaziergang, wiederum Sprechstunden und Analysesitzungen, die sich oft bis abends um neun hinzogen. Auf die Abendmahlzeit folgte ein weiterer Spaziergang durch den nahen Votivpark, der heute Siegmund-Freud-Park heißt. Mitunter stattdessen ein Besuch im Kaffeehaus Landtmann oder im Café Korb an der Brandstätte, verbunden mit einer Zusammenkunft im Kollegenkreis, mit Schach- oder Kartenspiel. Und vor dem Zubettgehen feilte er an seinen Schriften. Deren Gesamtausgabe umfasst 17 Bände, ein Register und einen weiteren Band mit Nachträgen. In der Taschenbuchausgabe belegt dieses Werk 8.880 Seiten.

Liest man von der strengen Disziplin, mit der Freud seinen Alltag reglementierte, so könnte man fast meinen, er selbst sei von einer Zwangsneurose besessen gewesen. Doch einem einzigen Laster konnte auch Siegmund Freud nicht widerstehen: Er qualmte Zigarren, nicht weniger als 20 Stück pro Tag. Das blieb nicht ohne Folgen, schon 1923 wurde bei ihm Gaumenkrebs diagnostiziert. Es folgten Dutzende von Operationen und 16 Leidensjahre, geprägt von immer schlimmeren Schmerzen. Dennoch ließ er in all der Zeit nicht von seinen Zigarren ab.

Die Geschwulste in seinem Gaumen begannen zu eitern, gingen schließlich in Fäulnis über. So schlimm, dass der Geruch selbst Jofi, Freuds Chow-Chow-Hündin, zuletzt in die Flucht schlug. Als all seine Widerstandskraft brach, bat Freud einen befreundeten Arzt, ihm eine erlösende Dosis Morphium zu spritzen. So kontrollierte er sein Leben bis zum letzten Atemzug.

Rinderbouillon mit Backerbsen

Zutaten für 4 Personen:

400 g Suppenfleisch und
400 g Markknochen vom
Rind
1 Zwiebel
2 Möhren
1 Stange Porree
½ Knolle Sellerie
40 g Mehl

2 Eier
1 El Milch
3 Lorbeerblätter
1 Tl schwarze Pfefferkörner
reichlich Speiseöl
geriebene Muskatnuss
Salz

Zubereitung:

Die ungeschälte Zwiebel halbieren (die Schale bleibt dran,
denn sie soll Farbe abgeben). Möhren, Porree und Sellerie
putzen und in grobe Stücke schneiden. Fleisch und Knochen
gründlich waschen und trocken tupfen. In einem großen
Topf einen Schuss Speiseöl stark erhitzen, Fleisch und Knochen darin ringsum kurz und kräftig anbraten. Das Gemüse
hinzugeben und kurz mitbraten, anschließend mit so viel
kaltem Wasser aufgießen, dass Fleisch und Gemüse davon
ganz bedeckt sind. Pfefferkörner und Lorbeerblätter dazugeben und die Suppe salzen.

Aufkochen lassen, den dabei entstehenden Schaum immer
wieder abschöpfen. Die Hitze reduzieren, den Topf mit dem
Deckel verschließen und die Bouillon 3 Stunden lang bei
milder Hitze simmern lassen. Zum Schluss Fleisch, Knochen
und Gemüse mit dem Schaumlöffel entnehmen. Ein Sieb mit
einem Kochtuch auslegen, die Bouillon hindurchgießen und
in einem Topf auffangen.

Während der Garzeit der Suppe die Backerbsen herstellen: Die Eier mit Mehl, Milch, 1 El Speiseöl sowie je einer
Prise Muskatnuss und Salz zu einem glatten, flüssigen Teig

verrühren. In einem Topf so viel Speiseöl erhitzen, dass die Backerbsen darin schwimmen können. Die richtige Hitze ist erreicht, wenn sich an einem ins Öl gehaltenen Holzlöffel Bläschen bilden. Nun den Teig über die Rückseite einer Küchenreibe ins Öl tropfen lassen, goldbraun ausbacken und mit einem Schaumlöffel herausnehmen. Auf Küchenkrepp entfetten.

Die Bouillon in Suppenteller füllen, Backerbsen darübergeben und sofort servieren.

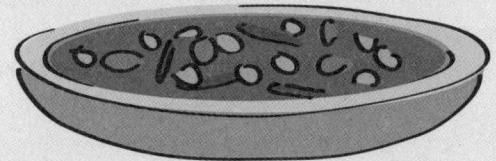

Das Rehkitz und die Dirne – zwei Geschichten, ein Mann

Mit großen Augen schaut ein Rehkitz aus dem dichten Gebüsch des Wienerwalds, ängstlich späht es zwischen den Zweigen hindurch. Denn es fürchtet den Jäger, mit dessen todbringendem Treiben es schon grausame Bekanntschaft gemacht hat. Seine Augen sind weit geöffnet. Genau wie die einer eleganten Frau in Wien, auch sie ist voller Furcht. Davon abgesehen könnten die beiden nicht unterschiedlicher sein. Und doch gibt es etwas, das sie miteinander verbindet.

Die Frau ist Luise von Österreich-Toskana, 1870 in Salzburg geboren. Sie ist Erzherzogin von Österreich und Tochter des Großherzogs der Toskana, das macht sie zu einem privilegierten Mitglied des europäischen Hochadels der Habsburger. 1891 heiratet sie in Wien Friedrich August III., den späteren König von Sachsen. Ein glanzvoller Lebenslauf scheint damit vorgezeichnet, zumal Luise klug, charmant und schön ist. Das Volk verehrt sie.

Doch die höfische Etikette ist streng. Friedrich August legt äußersten Wert auf die Erfüllung von Adelspflicht und Disziplin. Luise bringt sechs Kinder zur Welt, das erhoffte Liebesglück jedoch verkümmert im Schatten starrer Konventionen. Luise ist eine lebenshungrige, sinnliche Frau. Schon bald werden ihr Affären nachgesagt, und als sie ihr siebtes Kind erwartet, scheint klar, dass nur der Hauslehrer ihrer Kinder dessen Erzeuger sein kann. Luise flieht zu ihrem Bruder Leopold Ferdinand, der seinerseits eine Liebesbeziehung mit einer Prostituierten pflegt und seinen formellen Austritt aus den Habsburgerkreisen erwägt. Der Skandal schlägt hohe Wellen, es kommt zur Scheidung, das Kaiserhaus in Wien ächtet Luise.

Eine Tragödie für sie, doch ein gefundenes Fressen für die Presse, umso mehr in jener sittenstrengen Zeit. Es ist kein Wunder, dass auch der Journalist einer Wiener Zeitung über Luises Schicksal berichtet. Sein Name ist Felix Salten, und er hat sich längst einen beachtlichen Ruf mit seinen Reportagen über die pikanten Verwicklungen am Habsburgerhof gemacht.

Und was es da zu berichten gibt! Die Indiskretionen machten selbst vor Kaiser Franz Joseph nicht Halt, der zeitweise gleich zwei Liebschaften parallel gepflegt hat. Die wahre Geschichte von Kaiserin Elisabeth verlief nämlich nicht ganz so romantisch und von treuer Hingabe geprägt, wie die Sissi-Filme uns das glauben lassen möchten. Elisabeth selbst, die vielleicht aus gutem Grund einen geradezu exorbitanten Aufwand mit ihrer Schönheitspflege betrieb, sagt man ebenfalls Seitensprünge nach, auch wenn es ihr erfolgreich gelang, sich niemals dabei erwischen zu lassen.

Man gab sich züchtig im Wien der Jugendstilzeit, doch natürlich wusste jeder Fiaker, was es bedeutete, wenn ihm vom Fahrgast das Wort „Porzellananfuhr" zugeraunt wurde. Das Verdeck blieb geschlossen, in ruhigem, gemessenem Schritttempo lenkte der Kutscher die Pferde über das Pflaster. Und vor allem durfte niemand die Kutschgäste stören. Denn es handelte sich um ein Liebespaar beim heimlichen Schäferstündchen.

Um solch verborgenem Treiben auf die Schliche zu kommen, knüpfte Felix Salten schlau seine Beziehungen. Er pflegte eine enge Freundschaft mit Leopold Ferdinand, dem

Bruder der Luise von Österreich-Toskana. Denn Leopold Ferdinand versorgte ihn mit brühwarmen Gerüchten vom Habsburgerhof. Als Salten von Luises Schicksal erfuhr, half er bereitwillig bei ihrer weiteren Flucht, tief empört von der höfischen Ungerechtigkeit, Selbstgefälligkeit und Scheinheiligkeit.

Längst schon hatte der Zwiespalt zwischen erwünschter Moral und gelebter Sinnenlust in Wien zu Konsequenzen geführt. Seit dem 17. Jahrhundert drohten den Prostituierten Geldstrafen, Auspeitschungen und Pranger. Der Regentin Maria Theresia reichten diese Schritte freilich nicht, sie berief 1751 eine Kommission ein, die noch wirksamere Maßnahmen zur strikten Einhaltung der Keuschheit erarbeiten sollte.

Eines der Mittel bestand im sogenannten Temesvarer Wasserschub. Prostituierte sowie andere unliebsame Personen wurden mit Schiffen donauabwärts weit weg bis an den südöstlichen Rand der ungarischen Tiefebene zwangsverschickt. Darüber hinaus wurden der Unzucht verdächtige Adelsleute bespitzelt, wer sich ertappen ließ, musste mit einer empfindlichen Geldstrafe rechnen. Männer konnten ihre militärische Karriere abhaken, Frauen wurden ins Kloster gesperrt.

Maria Theresias drastische Aktionen begründeten sich wohl in der Untreue ihres eigenen Mannes, andererseits ging es im damaligen Wien auch recht ungezügelt her. Es heißt, dass bei einer Einwohnerzahl von kaum mehr als 250.000 Bürgern damals um die 16.000 Prostituierte in der Stadt ihrem Gewerbe nachgingen, von der vornehmen Liebesdienerin über den Lustknaben bis zur Bordsteinschwalbe. Und dabei sind Konkubinen und Liebhaber gar nicht mitgerechnet. Die Sexkontrolleure Maria Theresias agierten jedenfalls so offensichtlich und allgegenwärtig, dass sich Giacomo Casanova bei einem Besuch in Wien über die „schändlichen Spione" beschwerte, die „unerbittlichen Quälgeister aller hübschen Mädchen".

Die rigorosen Maßnahmen jener Epoche mögen zum Entstehen der Doppelmoral nicht unerheblich beigetragen haben, denn ihre Lust am frivolen Liebesspiel ließen die Wiener sich nicht nehmen. Davon zeugten nicht nur die Liebeleien der Adeligen, die dem Klatschreporter Felix Salten zu Ohren kamen. Auch sein Freundeskreis, mit dem er im Kaffeehaus Griensteidl zusammenkam, wusste von so manchem delikaten Abenteuer zu berichten.

Das Griensteidl am Michaelerplatz diente im späten 18. Jahrhundert jungen Literaten als Treffpunkt, besonders die Autoren des „Jung-Wien" machten es berühmt. Diese Gruppe hatte sich das Ziel gesetzt, die Schriftstellerei vom Naturalismus der Romantik hin zu einer moderneren Schilderung des Schönen und Ästhetischen zu führen. Als ihr wichtigstes Organ fungierte just die Zeitschrift, für die Felix Salten schrieb, und so blieb es nicht aus, dass auch er Mitglied der Gruppe wurde. Denn er gab sich keineswegs mit dem Schreiben von Zeitungsartikeln zufrieden, vielmehr betrachtete er sich in erster Linie als Schriftsteller. Im Gegensatz zu seinen Freunden, zu denen Arthur Schnitzler und Hugo von Hoffmannsthal zählten, entstammte er allerdings keinem wohlhabenden Elternhaus, seinen Lebensunterhalt musste er selbst verdienen, und die Schriftstellerei allein reichte dazu nicht aus.

Auch die jungen Autoren beschränkten sich freilich nicht auf intellektuellen Austausch. Lust und Liebe bewegten ihre Herzen, so manche Tändelei, so manche amouröse Verwicklung begleitete ihren Alltag. Und stellte das nicht einen ganz selbstverständlichen Teil des menschlichen Lebens dar? Die unselige Geschichte der Luise von Österreich-Toskana bewegte Felix Salten deshalb zutiefst. Luise sah sich zur Flucht gezwungen, denn ihr Schwiegervater drohte offen damit, sie in eine Irrenanstalt einweisen zu lassen. Von den Habsburgern verstoßen, war ihr Ruf ein für alle Mal zerstört. Ihre Kinder durfte sie niemals wiedersehen. Und das alles nur, weil sie einen Mann geliebt hatte? War es nicht höchste Zeit, ein Plädoyer für die Natürlichkeit von Lust und Begierde zu halten?

Im Jahr 1906 erschien ein Roman, dem genau dieses Motto zugrunde liegt: „Josefine Mutzenbacher". Scheinbar autobiografisch werden die Erlebnisse einer Wiener Prostituierten geschildert, mit unverblümt obszöner Wortwahl und der sehr irritierenden Schilderung erotischer Erfahrungen, die Josefine bereits im frühen Kindesalter macht. Dabei werden der lustvolle Genuss und die Freiwilligkeit betont, mit der sie sich den Sexspielen hingibt.

Völlig freizügig, enthemmt und gespickt mit pikanten Details ist dieses Buch zu einem Klassiker der erotischen Literatur aufgestiegen. Es ist sehr gut nachvollziehbar, dass vor seinen kinderpornografischen Passagen gewarnt wird. In Deutschland stand „Josefine Mutzenbacher" deshalb von 1982 bis 2017 auf dem Index der jugendgefährdenden Schriften, davon gestrichen wurde es, weil inzwischen der künstlerische Aspekt gegenüber dem der Gefährdung als überwiegend betrachtet wird.

Trotz des fragwürdigen Inhalts wurde „Josefine Mutzenbacher" durch diverse Verfilmungen berühmt, insbesondere durch einen deutschen Sexfilm aus dem Jahr 1970. Dieser Film gilt als besonders werksgetreu und erhielt viel Lob von der Kritik. Und das, obwohl er nicht davor zurückschreckt, sowohl den Missbrauch des Kindes durch den Untermieter der Eltern, später sogar durch den alkoholsüchtigen Vater zu zeigen, um sich anschließend dem Werdegang der Jugendlichen im Rotlichtmilieu zu widmen. Die Film-Josefine verteidigt ihre Tätigkeit als Prostituierte vehement gegen gesellschaftliche Ächtung und beruft sich dabei obendrein auf Siegmund Freud.

Diese Art der Darstellung und der Rechtfertigung von Kindesmissbrauch erscheint uns heute ungeheuerlich. Umso unglaublicher ist es, dass jemand es in der prüden Zeit zu Beginn des letzten Jahrhunderts wagen konnte, so etwas zu veröffentlichen. Das Buch erschien ohne Angabe des Verlags geschweige denn des Autors, zudem wurde es nur diskret und auf Vorbestellung ausgehändigt. Auf diese Weise wurde die Zensur umgangen, die schnell eingeschritten wäre, hätte ein pornografisches Werk offen im Wiener Buchhandel ausgelegen. Als Nachteil dieser Strategie erwies sich, dass weder Autor noch Verleger ihr Urheberrecht geltend machen konnten. Weil die Geschichte hohe Wellen schlug und die Kauflust entsprechend explodierte, fanden sich schnell Nachdrucke, sogar Fortsetzungen fluteten den Markt. Doch wer steckte wirklich hinter der Geschichte von Josefine Mutzenbacher?

Die Gerüchteküche brodelte, und schnell verdichteten sich ihre Vermutungen auf zwei Namen: Arthur Schnitzler oder Felix Salten. Arthur Schnitzler dementierte empört, Felix Salten schwieg. Seine Urheberschaft konnte zwar nie hieb- und stichfest bewiesen werden, doch die Literaturwissenschaft schreibt sie ihm heute weitgehend unumstritten zu.

Zwar bezog Felix Salten mit der Geschichte von Josefine Mutzenbacher Stellung und konnte seine Ansichten öffentlich machen. Doch seine finanziellen Probleme löste der anonyme Buchverkauf nicht. Für ihn blieb es weiterhin bei Zeitungsberichten und Tratschgeschichten.

Dennoch gab Salten seine schriftstellerischen Ambitionen nicht auf. Er schrieb Theaterstücke und Novellen, verfasste sogar das Libretto für eine Operette mit der Musik von Johann Strauss Sohn. Als die bewegten Bilder aufkamen, versuchte er, sich mit Drehbüchern etwas hinzuzuverdienen. Daneben schrieb er inzwischen für die verschiedensten Zeitungen.

In der Nazizeit musste er Wien verlassen, denn auch Felix Salten war Jude. Er emigrierte in die Schweiz, wo er 1945 starb. Seine letzten Jahre wurden von großen finanziellen Problemen überschattet. Dabei wäre es für ihn ganz anders gekommen, hätte er nicht nach der wirtschaftlichen Panne mit „Josefine Mutzenbacher" einen weiteren schweren Fehler begangen.

Denn schon 1923 veröffentlichte er eine rührende Tiergeschichte, in deren Mittelpunkt ein kleines Reh stand: „Bambi". 1933 kaufte ein amerikanischer Filmproduzent ihm die Nutzungsrechte für nur 1.000 Dollar ab, musste aber feststellen, dass die geplante Realverfilmung sich nicht verwirklichen ließ. So reichte der Produzent die Filmrechte schließlich an Walt Disney weiter, der die Geschichte im Zeichentrickformat auf die Leinwand bringen wollte. Weil Disney äußersten Wert auf Perfektion legte, sollte es bis 1942 dauern, dass der Film endlich in die Kinos kam. Den Rest kennen wir alle.

Bambi gilt als Disneys ernsthaftester und nachdenklichster Trickfilm. Das Rehkitz verliert seine Mutter durch eine Treibjagd. Im Mittelpunkt des Films stehen die Gefahren des Lebens im Wald, insbesondere verursacht durch einen besonders unermüdlichen Jäger. Die Geschichte von Bambi kann deshalb in weiten Teilen als ein Appell gegen die Jagd verstanden werden. Dennoch ging Felix Salten selbst auf die Jagd, sein Revier lag nur wenige Kilometer außerhalb von Wien. Die Idee zur Geschichte von Bambi, so erzählte er einmal, kam ihm auf einer ausgedehnten Jagdtour.

Obwohl der Film einen epochalen Erfolg feierte, kämpfte Felix Salten bis zuletzt erfolglos um Tantiemen. Auch sein Name geriet weitgehend in Vergessenheit. Unsterblich geblieben sind nur Bambi und Josefine Mutzenbacher, das Rehkitz und die Dirne.

Eiernockerl

Zutaten für 4 Personen:

300 g Mehl
5 Eier
100 g Butter
200 ml Milch

1 Bd. Schnittlauch
Salz
Pfeffer aus der Mühle

Zubereitung:

50 g Butter zerlassen und mit Mehl, Milch, 1 Ei und einer Prise Salz zu einem glatten Teig verrühren. Wenn der Teig sich leicht vom Kochlöffel löst, ist seine Konsistenz richtig, ansonsten noch etwas Milch bzw. Mehl zugeben.

Reichlich Salzwasser in einem Topf zum Kochen bringen. Den Teig über ein Brett mithilfe eines Messerrückens in kleinen Nockerln in den Topf streichen und diese 10–15 Minuten köcheln lassen, dann in ein Sieb abgießen und gut abtropfen lassen.

Den Schnittlauch in Röllchen schneiden. Die restliche Butter in eine Pfanne geben und die Nockerl darin schwenken. Die übrigen 4 Eier darüberschlagen, salzen und rasch verrühren. Auf Tellern anrichten, die Schnittlauchröllchen darüberstreuen und die Nockerl mit etwas frisch gemahlenem Pfeffer bestreuen.

Gerechtigkeit und Absolutismus – Maria Theresia

Wieder ist ein strahlender Tag über Wien heraufgezogen, und die goldene Morgensonne taucht unser heutiges Ziel in atemberaubenden Glanz. Unter einem blautrunkenen Himmel präsentiert es sich wie ein Juwel: das Schloss Schönbrunn. Barocke Pracht, aristokratisch strenge Symmetrie, eine funkelnd gelbe Fassade, die den Sonnenschein einfängt und widerspiegelt. Selbst die akkurate Parkanlage unterwirft sich der Wahrnehmung wie in hoheitsvoller Parade. Die schiere Größe all dessen ist so beeindruckend, dass wir uns ganz klein fühlen; wir und die anderen Besucher sind scheinbar nichts als Ameisen, die sich im Schatten dieser Herrlichkeit verlieren.

Wir wissen ja bereits, dass die außergewöhnliche Kaiserin Maria Theresia das Schloss Schönbrunn errichten ließ. Zumindest in der Gestalt, in der es sich uns heute darbietet. Als Jagdschloss existierte es bereits ab 1570, dazu gehörte auch eine Menagerie mit Vögeln, Rot- und Schwarzwild, aus der später der älteste noch heute existierende Zoo der Welt hervorgehen sollte: der Tiergarten Schönbrunn.

Zu seinem Namen kam das Schloss, weil Kaiser Matthias, der Sohn des ersten Schlossherrn, eines Tages im zugehörigen Jagdgrund eine Quelle entdeckte und begeistert ausrief: „Welch schöner Brunn!" So will es jedenfalls die Legende wissen.

Kaiser Karl VI. schließlich wusste nichts Rechtes mit dem alten Jagdschloss anzufangen. Während der Zweiten Türkenbelagerung im 17. Jahrhundert war es der Zerstörung anheimgefallen, Pläne zu einer pompösen Neuerrichtung scheiterten am Geldmangel. Stattdessen hatte es damals wiederum nur für ein kleines Jagdschloss gereicht, und dieses lag auch noch weit außerhalb der Tore der damaligen Stadt. Was sollte der Kaiser also damit tun?

So schenkte er es 1740 seiner Tochter Maria Theresia, die damals gerade ihren 23. Geburtstag feierte. Schon vier Jahre zuvor hatte sie geheiratet, und es gab bereits drei Enkeltöchter. Bot nicht das idyllisch auf dem Lande gelegene Schlösschen ein geradezu ideales Domizil für die junge Familie? Zumindest die lichten Sommermonate könnten sie dort genießen, während im Winter weiterhin die Hofburg mit ihrer behaglichen Geborgenheit als Wohnstätte diente.

Karl VI. meinte es gut mit seiner Tochter. Seine Fürsorge entsprang allerdings nicht nur väterlicher Liebe. Es lag ihm auch am Herzen, die Herrschaft der Habsburger zu zementieren. Und genau damit gab es ein Problem: Zwar war sein erstgeborenes Kind männlich, doch kränkelte der Kleine und starb bereits nach sieben Monaten. Wenn nun kein weiterer Sohn mehr zur Welt käme, würde der männliche Stamm der Habsburger vollständig erlöschen. Eine Tragödie, denn das geltende Gesetz hatte es die Jahrhunderte hindurch zwingend vorgeschrieben, dass ausschließlich Söhne die Nachfolge eines Herrschers antreten durften.

Den Machtverlust des Hauses Habsburg jedoch wollte Karl unter keinen Umständen riskieren. Er hatte deshalb schon 1713 ein neues Gesetz erlassen: die Pragmatische Sanktion. Damit regelte er die Unteilbarkeit der habsburgischen Reiche und Länder, allerdings sah er nicht explizit die Erbfolge durch eine Tochter vor. Diese sollte erst dann eintreten, wenn sich beim besten Willen kein männlicher Abkömmling mehr auftreiben ließe. Denn natürlich hoffte Karl zu diesem frühen Zeitpunkt noch auf einen Stammhalter, er ahnte nicht, dass er keinen bekommen würde. Und dass er selbst im gleichen Jahr, in dem er seiner ältesten Tochter Schloss Schönbrunn überließ, im Alter von 55 Jahren das Zeitliche segnen müsste.

Maria Theresia sah sich mit einer ungeheuerlichen Situation konfrontiert. Das Gesetz eröffnete ihr nun zwar die Nachfolge ihres Vaters, das bedeutete jedoch nicht, dass diese völlig neuartige Erbfolgeregelung in den übrigen europäischen Herrscher- und Adelskreisen freundlich abgenickt würde. Ganz im Gegenteil erwachte deren Machtgier. Zornentbrannt nahmen sie die junge Frau ins Visier, die allen Ernstes glaubte, sie könne nun selbst die Kaiserkrone übernehmen. Karls Pragmatische Sanktion wurde deshalb von vielen nicht anerkannt. Sowohl die bayerischen Wittelsbacher als auch der Sachse Friedrich August II. und Preußenkönig Friedrich II. meldeten Ansprüche an. Friedrich II. nutzte die diffuse Lage zunächst, um in Schlesien einzumarschieren. Gleichzeitig schlossen sich Bayern, Sachsen, Spanien, Frankreich, Schweden, Neapel, Kurköln und die Kurpfalz zusammen, um Maria Theresia im Österreichischen Erbfolgekrieg endgültig auf den niederen Rang zurückzuverweisen, der ihr als Frau nach Meinung der Herren gebührte.

Eigentlich hatte auch ihr Vater Karl niemals ernsthaft in Erwägung gezogen, sein Töchterchen könne dereinst als Kaiserin über das Heilige Römische Reich gebieten. Ihre gesamte Erziehung orientierte sich an den für Adelsdamen üblichen Richtlinien. Sie erlernte die höfische Etikette und erhielt Unterricht in Musik und Tanz. Außerdem lehrte man sie auch romanische Sprachen, allerdings keineswegs die Sprachen der Kronländer Tschechien und Ungarn. Gerade Letzteres wäre aber für eine zukünftige Herrscherin von herausragender Bedeutung gewesen. Genauso wenig unterwies man die kleine Maria Theresia in Diplomatie, Militärstrategie oder Staatslehre. Sie war eben doch „nur ein Mädchen".

Unter diesem Aspekt erwählte Karl auch zeitig einen passenden Schwiegersohn. Er fand ihn in Franz Stephan von Lothringen, der schon als Jugendlicher an den Wiener Hof geholt und systematisch auf seine zukünftige Rolle vorbereitet wurde. Denn geplant war, dass Franz Stephan später einmal als Regent im Namen Maria Theresias amtieren sollte.

Doch sie alle hatten ihre Rechnung ohne Maria Theresia gemacht. Weder trug sie sich mit der Absicht, sich im Hintergrund ihres Mannes mit einer repräsentativen Funktion am Hof zu bescheiden, noch ließ sie sich von der Streitlust des europäischen Hochadels beeindrucken. Vielmehr rüstete sie zum Widerstand. Es gelang ihr, neben Russland auch Großbritannien und die Niederlande auf ihre Seite zu bringen. Der Erbfolgekrieg sollte letztlich bis 1748 währen, am Ende verlor sie Schlesien, den Aufstieg Preußens zu einer ernstzunehmenden Macht musste sie hinnehmen. Immer wieder aufkeimende Scharmützel zwischen Friedrich II. und Maria Theresia sollten deshalb die kommenden Jahrzehnte überschatten. Doch Maria Theresia behauptete sich als rechtmäßige Thronerbin ihres Vaters.

Schon drei Jahre vor Kriegsende war Franz Stephan trotz erheblicher Gegenwehr zum Kaiser des Heiligen Römischen Reichs gewählt worden. Seitdem nannte sich Maria Theresia „Römische Kaiserin". Nun galt es nur noch, ihrem Mann zu verdeutlichen, wer das Zepter fortan in der Hand halten würde. Der energischen Frau fiel das nicht schwer, mit Pragmatismus und freudiger Entschlusskraft drängte sie ihren Mann alsbald an den Rand des Geschehens. Denn ihr stand ein klares Ziel vor Augen: ihr Reich mithilfe von tiefgreifenden Reformen zu einem moderneren Staat umzugestalten.

Das sollte ihr so nachhaltig gelingen, dass sie als strahlende Lichtgestalt in die Geschichte einging. Franz Stephan schaffte es nie, aus ihrem Schatten herauszutreten, und auch die spätere Geschichtsschreibung sollte ihn als bloßes Anhängsel der Kaiserin betrachten. Dazu trug nicht unerheblich bei, dass Maria Theresia selbst für das Verblassen seiner politischen Rolle sorgte, indem sie die wichtigsten von ihm verfassten Schriftstücke aus den Beständen des Habsburgerhofes aussortieren ließ.

Allerdings widersprach sie nie der kursierenden Vorstellung von einer Liebesheirat und der aufrichtigen Zuneigung zwischen der Kaiserin und ihrem Mann. Die Ehe der beiden gilt als ausgesprochen glücklich, obwohl die zahlreichen Affären Franz Stephans unbestritten sind. Erst heute regen sich gelegentlich Zweifel an der Mustergültigkeit dieser Ehe.

Für echte Liebe spricht aber die große Trauer, in die Maria Theresia nach Franz Stephans Tod im Jahr 1765 verfiel. „Den einzigen Gegenstand ihrer Liebe" habe sie verloren, so hielt sie fest. 15 Jahre lang, bis zu ihrem eigenen Tod, sollte sie sich nie mehr anders als in schwarzer Trauerkleidung zeigen.

16 Kinder sind aus der Ehe zwischen Maria Theresia und Franz Stephan hervorgegangen. Und obwohl Maria Theresia sich sehr engagiert ihren Regierungsgeschäften widmete, fand sie dennoch auch die Zeit, sich hingebungsvoll um ihre Kinder zu kümmern. Zudem trug sie dafür Sorge, dass ihnen allen eine umfassende Bildung zuteilwurde. Denn Letzteres stand als ganz wesentlicher Punkt auf der Agenda ihrer Reformen.

„Iustitia et clementia" – „Gerechtigkeit und Milde", so lautete ihr Motto. Als Vertreterin eines aufgeklärten Absolutismus betrachtete sie es als ihre Aufgabe, die staatlichen Mittel nicht für eigene Lustbarkeiten zu verschwenden, sondern konsequent für die Bedürfnisse ihrer Untertanen einzusetzen. Freilich stand im Hintergrund dessen keine humanitäre Ideologie, vielmehr versprach sie sich davon den größtmöglichen Nutzen für das Kaiserreich als Ganzes. Und damit verbunden selbstredend die Sicherung ihrer eigenen Herrschaft. Sie ging davon aus, dass sie die Macht von Gottes Gnaden erhalten habe, und der göttliche Wille verpflichte sie dazu, die Lebensumstände des Volks zu verbessern. Ihr Handeln würde also den göttlichen Beistand auch weiterhin sicherstellen.

Ihre tiefe Gläubigkeit schloss jedoch eine kritische Betrachtung der Kirche als Institution und insbesondere auch als Konkurrent um die Macht keineswegs aus. Zu Maria Theresias grundlegendsten Reformen gehörte die Neuregelung des Schulwesens. Bisher hatten die niederen Schulen unter der Oberhoheit des Klerus gestanden. Dies änderte Maria Theresia, indem sie dem Staat die Federführung übertrug.

Sowohl Jungen als auch Mädchen wurden nun im Alter von sechs Jahren eingeschult, für die Dauer von sechs Jahren mussten sie die Volksschule besuchen. Mit nicht unerheblichem Aufwand entstand die entsprechende Infrastruktur. Das bisher fällige Schulgeld entfiel, sodass auch einkommensschwächere Schichten gleichgestellt wurden. Alle Kinder konnten nun Lesen, Schreiben und Rechnen lernen, Geschichte, Erdkunde und Zeichnen kamen hinzu.

Priester hatten den Religionsunterricht zu erteilen und mussten sich finanziell am Schulprogramm beteiligen. Als deshalb Widerstand aufkam, erließ Maria Theresia kurzerhand eine Verordnung, die angehende Priester dazu verpflichtete. Sie drängte den Einfluss der Kirche auch in anderen Bereichen zurück, führte eine staatliche Aufsicht ein und ebnete den Weg für das spätere Staatskirchentum, mit dem der Staat endgültig die oberste Entscheidungsgewalt für sich beanspruchte.

Die Reformen der Kaiserin umfassten darüber hinaus die Justiz, die Verwaltung, das Finanzwesen und das Militär. All dies geschah immer in der Absicht, die staatliche Macht zu stärken und in die Hände eines zentralen, von ihr selbst beherrschten Apparates zu legen. Ihre Wirtschaftspolitik verfolgte das Ziel, die Produktivität zu steigern und Exporteinnahmen zu generieren. Durch die entstehenden Arbeitsplätze verbesserten sich die Lebensbedingungen der einzelnen Bürger, durch höheres Steueraufkommen konnten aber vor allem auch mehr staatliche Einnahmen erlangt werden. Die wiederum den Reformen zugutekamen.

Während ich über all dies nachgedacht habe, sind wir inzwischen zur Gloriette emporflaniert. Das ist ein repräsentativer Arkadenbau auf dem Hügel, der dem Schloss gegenüberliegt. Von hier oben eröffnet sich ein beeindruckendes Panorama über den prachtvollen Neptunbrunnen, über Grünanlagen und Skulpturen des „Großes Parterre" genannten Teils des Schlossparks und das Schloss selbst. Ein glanzvoller Gesamteindruck der Sommerresidenz, in die später natürlich auch die umschwärmte Sissi ihren Einzug halten sollte. Im Hintergrund all dessen ballen sich mittlerweile die Dächer der Stadt zu einem urbanen Dschungel zusammen. Umso mehr erscheint Schönbrunn wie ein aus dem Himmel gefallener Märchenpalast.

Hieß es nicht, dass die Kaiserin auf verschwenderischen Luxus verzichten und stattdessen alle Finanzmittel dem Wohl des Staatswesens zukommen lassen wollte? Steht diese hehre Absicht nicht im scharfen Widerspruch zu all der absolutistischen Pracht?

Natürlich war auch Maria Theresia nicht ausschließlich von Selbstlosigkeit geprägt. In religiösen Fragen zeigte sich die strenge Katholikin restriktiv und intolerant, und am vehementesten bekamen das die Juden zu spüren. Zwar ließ die Kaiserin es zu, dass diese ihren florierenden Geschäften nachgingen, im Gegenzug profitierte sie aber von den erheblichen Abgaben, die jüdische Händler leisten mussten. Sogenannte Hofjuden dienten als Kaufleute, die den kaiserlichen Haushalt mit Kapital und Waren versorgten. Dabei konnten sie gutes Geld verdienen. Die Kaiserin ließ sich das Privileg von den Juden allerdings fürstlich vergüten. Diese Gebühren wiederum setzte sie für repräsentative Bauwerke ein. Vor allem flossen die Einnahmen in den Bau von Schloss Schönbrunn. Wenn schon Kaiserin, dann richtig, mag sich Maria Theresia gesagt haben. Denn schließlich braucht ja auch die reformbewussteste Kaiserin ein angemessenes Zuhause.

Wiener Stelzen mit Stöcklkraut

Zutaten für 4 Personen:

2 Schweinshaxen („Stelzen",
je ca. 500 g)
1 Weißkohl
200 ml Bier
8 Scheiben durchwachsener
Speck
8 Knoblauchzehen
1 Zwiebel

1 Tl schwarze Pfefferkörner
3 Lorbeerblätter
Kümmel
Zucker
Speiseöl
Weißweinessig
dunkler Soßenbinder
Salz, Pfeffer

Zubereitung:

Die Schweinsstelzen waschen und trocken tupfen. Etwas Wasser mit 1 Tl Kümmel, den Pfefferkörnern und den Lorbeerblättern in einen Topf geben, gut salzen, die Schweinshaxen hineinlegen und so viel Wasser hinzugeben, bis diese ganz bedeckt sind. Die Stelzen herausnehmen, den Kochsud sprudelnd aufkochen, die Stelzen wieder hineinlegen und die Temperatur reduzieren, bis der Sud gerade nicht mehr siedet. 30 Minuten simmern lassen.

In der Zwischenzeit die Zwiebel schälen und vierteln, die Knoblauchzehen häuten, vier davon mit reichlich Salz und ½ Tl Kümmel im Mörser zu einer Paste zerdrücken.

Die Stelzen aus dem Sud nehmen und die Schwarte mit einem scharfen Messer rautenförmig einschneiden, allerdings nicht bis zum Fleisch. Nun die Schwarte mit Speiseöl einpinseln, mit der Knoblauchpaste einreiben und pfeffern.

Den Backofen auf 120°C vorheizen. Einen Bräter mit Speiseöl ausreiben, die Zwiebelstücke, die restlichen Knoblauchzehen sowie die Stelzen mit der Schwartenseite nach oben hineinlegen und mit dem Bier übergießen. Die Flüssigkeit soll immer ca. 1 cm hoch im Bräter stehen, ggf. Kochsud nachgießen. Den Bratrost auf die mittlere Schiene des Backofens schieben, den offenen Bräter daraufstellen und die Stelzen 3 Stunden lang garen. Während des gesamten Vorgangs die Stelzen regelmäßig mit einer Suppenkelle voll Kochsud übergießen.

Für das Stöcklkraut den Kohlkopf vierteln, den Strunk nur soweit herausschneiden, dass die Blätter sich nicht lösen können. Wasser in einen Topf füllen, salzen und mit einer Prise Zucker, Kümmel nach Geschmack und einem Schuss Essig würzen. Aufkochen und die Kohlviertel hineingeben. 20 Minuten bei mittlerer Hitze weich kochen.

Die Speckstreifen in einer Pfanne ohne Fett knusprig braten. Die Kohlviertel aus dem Kochwasser nehmen und gut abtropfen lassen.

Nach Ablauf der 3 Stunden Garzeit die Backtemperatur auf 220°C erhöhen und die Stelzen ca. 30–45 Minuten knusprig backen, dabei nicht mehr mit Sud übergießen. 15 Minuten bevor die Stelzen fertig sind die Kohlstücke hinzulegen und diese mit dem gebratenen Speck belegen.

Die Stelzen sind fertig, wenn die Schwarte kleine Blasen wirft. Dann herausnehmen und zusammen mit dem Stöcklkraut warm stellen. Den Bodensatz im Bräter mit dem Kochlöffel lösen, die Flüssigkeit aufkochen und bis zur gewünschten Konsistenz zur Soße einreduzieren, ggf. Soßenbinder verwenden. Mit Salz und Pfeffer abschmecken.

Die Stelzen in Portionsstücken vom Knochen lösen. Die Soße auf Teller geben und die Stelzenstücke mit der Kruste nach oben zusammen mit dem Stöcklkraut darauf anrichten. Dazu Schwarzbrot oder Klöße servieren.

Von Liebe und Preziosen – ein Bummel durch die Museen von Wien

Heute steht ein Ausflug in die Welt der Kunst auf unserem Programm. Doch auch hierbei begegnet uns zunächst noch einmal die Kaiserin Maria Theresia. Denn die Geschichte eines der berühmtesten Museen Wiens beginnt mit ihr.

Es ist schon erstaunlich, wie viele Kinder die Kaiserin zur Welt gebracht hat. Im Hintergrund dessen standen weniger die Sehnsucht nach einer fröhlichen Kinderschar oder gar fehlende Verhütungsmittel. Nein, Maria Theresia verfolgte vielmehr eine klare dynastische Absicht: Sie sah es als ihre Aufgabe an, die familiäre Linie zu erweitern, deren Fortdauern damit zu sichern und vor allen Dingen, die Macht der Habsburger zu zementieren und ihren eigenen Einflussbereich zu vergrößern. Nur eigene Kinder konnten das gewährleisten.

Je mehr Kinder, desto besser. Denn tragischerweise musste man in jener Zeit damit rechnen, dass angesichts der hohen Kindersterblichkeit nicht alle das Erwachsenenalter erreichen würden. Tatsächlich starben fünf der Kinder Maria Theresias früh. Umso wichtiger, den Lebensweg der übrigen wohlüberlegt zu planen.

Nicht umsonst lautete das Motto der Habsburger schon seit der frühen Barockzeit: „Bella gerant alii, tu felix Austria nube" – „Kriege mögen andere führen, du, glückliches Österreich, heirate." Nach Liebe wurde dabei nicht gefragt. Stattdessen hielt man im Hause Habsburg schon bald nach der Geburt eines Kindes Ausschau nach geeigneten Heiratskandidaten, um durch Eheschließungen den eigenen politischen Einfluss auf immer mehr fremde Höfe auszuweiten. Auf diese Habsburgische Heiratspolitik verstand sich Maria Theresia aufs Vorzüglichste. Und über dieses Thema ließ sie unter keinen Umständen mit sich reden, ihre Kinder hatten sich zu fügen.

Doch es gab eine einzige Ausnahme: Marie Christine, genannt Mimi. Vielleicht lag es daran, dass Mimi ausgerechnet an Maria Theresias 25. Geburtstag zur Welt kam. Musste sie nicht ein Gottesgeschenk sein? Deshalb vergötterte die Mutter dieses Kind, ihren herzallerliebsten Sonnenschein. Sie überschüttete die Kleine mit Liebe, und es focht sie nicht an, dass die anderen Kinder unter der augenfälligen Bevorzugung Mimis litten. Nichts konnte die Mutter ihr abschlagen, und als Mimi schließlich erwachsen wurde, da gab Maria Theresia auch ihrem Heiratswunsch nach.

Denn Mimi hatte sich unsterblich in Albert Casimir Herzog von Sachsen-Teschen verliebt. Der junge Mann, vier Jahre älter als die 1742 geborene Mimi, verfügte weder über außergewöhnlichen Reichtum noch erwartete ihn eine standesgemäße Machtposition. Doch er sah ausgesprochen gut aus, darüber hinaus zeichnete er sich durch hohe Bildung und vielseitige Interessen aus. Nicht gerade ausschlaggebende Kriterien für die Habsburger. Doch sollte gerade diese ungewöhnliche Mitgift des Bräutigams für die Stadt Wien einen Gewinn bedeuten.

Die bald nach der Hochzeit geborene Tochter starb nach nur einem Tag, die Ehe blieb danach kinderlos. Trotzdem dürften Mimi und Albert tatsächlich ausgesprochen glücklich miteinander gewesen sein. Albert nahm sich die Ideen der Aufklärung zu Herzen und trat den Freimaurern bei, außerdem interessierte er sich brennend für Kunst. Natürlich trug die Schwiegermutter Sorge dafür, dass er eine angemessene Position in Politik, Militär und Gesellschaft bekleidete. Dem jungen Paar mangelte es an nichts, sie konnten sich einen aufwendigen Lebensstil leisten. Deshalb gönnten sie sich eines Tages eine Reise nach Italien.

Keineswegs planten sie, dort das „Dolce far niente" unter mediterraner Sonne zu genießen. Vielmehr gab es ein straffes Pensum an Besichtigungen: die Vatikanischen Museen, der Vesuv, die Uffizien, die Paläste von Venedig. Dort, auf ihrer letzten Reisestation, erhielt Albert ein üppiges Geschenk: mehr als 1.000 Kupferstiche. Sie sollten den Grundstein für eine außerordentliche Sammlung von Grafiken bilden, die er im weiteren Verlauf seines Lebens zusammentrug.

Diese Aufgabe avancierte zu seinem wichtigsten Lebensinhalt, als Mimi im Alter von 56 Jahren starb. Albert ließ ihr ein prachtvolles Grabmal in der Augustinerkirche errichten, der Hofpfarrkirche in jenem Teil der Hofburg, der heute Albertina-Trakt heißt. Dieser Name ist eine Reminiszenz an die Vornamen Alberts und Marie Christines, es handelt sich nämlich um den repräsentativen Flügel der Hofburg, in dem sich beider Wohnräume befanden. Und hier gab es auch genügend Platz für Alberts umfassende Kunstsammlung.

Sie existiert noch heute: die berühmte Albertina. Im Lauf der Jahre wurde ihre Kollektion ständig erweitert, heute umfasst sie so viele Zeichnungen und Grafiken, dass man beinahe den Überblick verlieren könnte. Es sollen mehr als eine Million Werke sein, sie machen die Albertina zu einem der wichtigsten Grafikmuseen der Welt.

Die dort ausgestellten Meisterwerke sind unschätzbar, darunter finden sich Zeichnungen von Koryphäen wie Michelangelo und Bruegel, Rembrandt und Raffael. Manche dieser

Bilder sind so berühmt, dass sie vermutlich jeder kennt: zum Beispiel Dürers Betende Hände oder Rubens Porträt seines Sohnes Nikolaus. Doch vielleicht ist keines der Werke so populär wie Albrecht Dürers Aquarell vom Feldhasen. Wer nun aber meint, mal eben kurz in die Albertina gehen und das Häschen bewundern zu können, der wird enttäuscht. Wohlkonserviert befindet es sich in einem verriegelten Lagerraum, Museumsbesucher müssen sich mit der Betrachtung einer Kopie begnügen. Nur alle fünf Jahre wird das Original hervorgeholt, und dann muss man sich auch noch beeilen: 2016 wurde der Feldhase nur für die Dauer von sieben Stunden ausgestellt.

Wem das zu hektisch erscheint, der mag sich an den übrigen Kunstschätzen erfreuen, die die Albertina hortet. Längst zeigt sie neben den klassischen Grafiken auch eine Ausstellung moderner Malerei, die Bandbreite reicht von Klimt, Toulouse-Lautrec und Monet über Picasso und Warhol bis hin zur Gegenwartskunst.

Und dabei ist die Albertina nur einer der musealen Höhepunkte Wiens. Mit einem noch weitaus größeren Spektrum kann das MuseumsQuartier aufwarten, das gleich gegenüber der Hofburg im 7. Bezirk liegt. Langeweile bei schlechtem Wetter? Zumindest für kulturbeflissene Menschen kann sie hier so schnell nicht aufkommen. Malerei und bildende Kunst gibt es fast bis zum Abwinken, dazu gesellen sich Musik, Tanz, Theater, Film, Literatur, Design, Architektur und Mode. Bis hin zu den Neuen Medien deckt dieser Komplex mit seinen Museen, Ateliers und Höfen so ziemlich alles ab, was der Kulturbereich zu bieten hat. Begeben wir uns auf einen Rundgang!

Alle Liebhaber zeitgenössischer Kunst kommen in der Kunsthalle Wien oder im kubistischen Bau des MUMOK – Museum Moderner Kunst – auf ihre Kosten. Allein das

MUMOK beherbergt 10.000 Werke von rund 1.600 Künstlern. Im Quader des Leopold Museums konzentriert man sich hingegen auf die Malerei des Expressionisten Egon Schiele, daneben werden aber auch Gemälde von Klimt, Kokoschka und vielen anderen präsentiert.

Nach all der Kunst sehnen wir uns aber nach ein bisschen mehr Bewegung. Da können wir uns im MQ Amore amüsieren, einem Skulpturenpark, der das unbeschwerte Lebensgefühl der Fünfzigerjahre auferstehen lässt. Das Ambiente ist nämlich der italienischen Riviera jener Tage nachempfunden. Die Kunstwerke der Anlage können bei einer fröhlichen Partie Minigolf bespielt werden, wobei sich auch die Mienen der Kinder wieder deutlich aufhellen.

Wäre es Sommer, könnten wir nun in den Höfen des MuseumsQuartiers entspannen. Denn dann sind sie mit ungewöhnlichen Sitzen ausgestattet und fungieren als eine Art Freilichtmuseum modernen Möbeldesigns. Allerdings soll man auch tatsächlich auf den Objekten Platz nehmen. Weil das Angebot an schönen Tagen nur zu gerne angenommen wird, entsteht ganz nebenbei das bunte Flair einer urbanen Piazza.

Der pulsierendste Teil des Museumsquartiers ist vielleicht das Q21. Hier leben Künstler, hier treffen sich Kulturinitiativen, hier wird gewohnt, gearbeitet, gefeiert und experimentiert. Galerien und Werkräume geben einen Einblick in die verschiedenen Tätigkeitsbereiche. Und in den Themenpassagen des MuseumsQuartiers, die dessen einzelne Höfe miteinander verbinden, stellen Streetart-Künstler, Musiker oder Literaten ihre Werke in wechselnden Ausstellungen vor.

Als wir uns schließlich sattgesehen haben, verlassen wir das MuseumsQuartier durch den Haupteingang. Da ist sie wieder, die Kaiserin Maria Theresia, denn hier empfängt uns der Maria-Theresia-Platz mit seinen Grünanlagen. Und wir haben die Qual der Wahl: Sollten wir uns jetzt nach links oder doch lieber nach rechts wenden?

Auf der rechten Seite wartet das Kunsthistorische Museum, ein imposanter Prachtbau im Stil des Historismus, von dessen Kuppel uns die Göttin Athene einladend zuzuwinken scheint. Kaum wagen wir es, uns ihr zu widersetzen, zumal allein schon die fantastischen Innenräume des Museums sehenswert sind. In ihnen gibt sich die Ehre, was in der Kunstwelt Rang und Namen hat. Die schiere Masse der berühmten und gefeierten Gemälde in den Ausstellungsräumen ist überwältigend. Das Wiener Kunsthistorische Museum zählt zu den bedeutendsten Museen der Welt und ist deshalb eine der meistbesuchten Sehenswürdigkeiten der Stadt. Seine Schatzkammer, die sich in der Hofburg befindet, birgt die Kleinodien der Habsburger, die Österreichischen Reichsinsignien und die des Heiligen Römischen Reichs. Darüber hinaus den Burgunderschatz mit liturgischen Gewändern aus Seide, Gold und Perlen, vielleicht den kostbarsten Kleidern der Welt.

Doch nach Albertina und MuseumsQuartier sind unsere Kinder der Kunst nun allmählich überdrüssig. Und selbst mit der Aussicht auf vorzügliche Werke können wir sie nicht mehr locken. Deshalb winken wir der Athene nur freundlich zurück und wenden uns nach links. Hier erhebt sich nicht minder imposant das Naturhistorische Museum, das bauliche Pendant des Kunsthistorischen Museums. Es ist unschwer zu erkennen, dass beide aus einem Guss entworfen wurden. Zwei Architekten haben dabei zusammengewirkt: der Österreicher Carl von Hasenauer und der Deutsche Gottfried Semper. Von Hasenauer trug ganz wesentlich dazu bei, das Antlitz der Wiener Ringstraße zu prägen. Semper hingegen, der berühmte Baumeister des Historismus, ging vor allem als Theaterarchitekt in die Kunstgeschichte ein. Das vielleicht berühmteste Beispiel seines Schaffens ist die Dresdner Semperoper, aber auch das Wiener Burgtheater am Universitätsring ist Sempers Werk.

Die Kinder interessieren sich jedoch weniger für die Architektur, vielmehr reizt sie die Ausstellung des Naturhistorischen Museums: zum Beispiel die riesigen Skelette im Sauriersaal. Oder die zottige Nachbildung eines Wollnashorns, die mit scheinbar frischem Schnee bestäubt ist. Das Tier wirkt so lebensecht, dass wir fast meinen, es wolle im nächsten Moment kräftig schnauben und uns sein mächtiges Horn zuwenden.

Das Museum bietet außerdem eine große zoologische Abteilung und eine der weltweit größten Meteoritensammlungen. Drei kleine Stückchen Mondgestein erzählen vom Aufbruch in die unendlichen Weiten des Weltraums. Irdische Mineralien gibt es in Hülle und Fülle, darunter ein Blumenstrauß aus Edelsteinen, den Maria Theresia einst ihrem Mann zum Geschenk machte. Franz Stephan besaß nämlich ein ausgesprochenes Faible für Juwelen und farbige Steine.

Und was für ein Geschenk das gewesen ist! Die auf hellgrüner – und inzwischen reichlich ausgebleichter – Seide platzierten Blüten sind aus 2.863 Edelsteinen zusammengesetzt, allein 2.102 echten Brillanten. Das 50 Zentimeter hohe Bouquet bringt 2,8 Kilogramm auf die Waage, über seinen Wert wage ich nicht einmal zu spekulieren. Angeblich ließ Maria Theresia das Gebinde ins Mineralienkabinett ihres Mannes stellen – als „kleine Namenstagsüberraschung". Eine Kaiserin, die ausdrücklich auf Verschwendung verzichten wollte?

In der prähistorischen Abteilung des Museums bewundern wir archäologische Funde, vor allem die Venus von Willendorf, das vielleicht prominenteste Kunstwerk der menschlichen Vorgeschichte. Die kleine Steinskulptur wurde 1908 bei Bauarbeiten am Donauufer in Willendorf in der Wachau entdeckt, gut 70 Kilometer westlich von Wien. Schnell stand schon damals fest, dass es sich um ein ganz herausragendes Fundstück handeln musste.

Skeptisch betrachten die Kinder die schweren Brüste, den wulstigen Bauch, die prallen Oberschenkel und die hervortretende Vulva des elf Zentimeter kleinen Figürchens. Darunter, dass dieses Kunstwerk fast 30.000 Jahre alt ist, können sie sich wohl kaum etwas vorstellen. Und dass es dem Instagram-Schönheitsideal so offensichtlich konträr entgegengesetzt ist, scheint sie zu irritieren. Das soll Kunst sein? Und überhaupt, schon wieder Kunst? Wollten wir uns in diesem Museum nicht der Natur widmen?

Soll ich ihnen jetzt beichten, dass ich gerne noch zur Secession spazieren möchte? Das Gebäude ist schließlich kaum einen Kilometer von hier entfernt. Vor allem möchte ich mir dort Gustav Klimts berühmten Beethovenfries ansehen. Und vielleicht einen kurzen Blick auf die aktuelle Ausstellung moderner Kunst werfen. Die ist auch wirklich nicht sehr groß – ganz bestimmt nicht!

Millirahmstrudel

Zutaten:

1 Packung Strudelteig	50 g Rosinen
6 Eier	30 g Mehl
500 g Quark	30 g Puderzucker
700 ml Milch	2 cl Rum
250 g Sauerrahm	die dünn abgeriebene Schale
100 g Butter	einer unbehandelten Zitrone
100 g Zucker	Salz
1 Milchbrötchen	Puderzucker zum Bestäuben
2 Pck. Vanillezucker	Butter zum Einfetten

Zubereitung:

Die Rosinen im Rum ziehen lassen. Das Brötchen zerrupfen und in 200 ml Milch einweichen. 3 Eier trennen, die Eiweiße beiseitestellen. Die Eigelbe, 30 g Puderzucker, die Zitronenschale und 1 Pck. Vanillezucker mit dem Mixer in einer Schüssel schaumig aufschlagen. 20 g Zucker, den Quark und den Sauerrahm dazugeben und gut untermischen. Das Mehl durch ein Sieb darüberstäuben und unterrühren. Die Rosinen abtropfen lassen und zusammen mit den vollgesogenen Brötchenstücken ebenfalls untermischen. Die Eiweiße mit 30 g Zucker und einer guten Prise Salz zu sehr festem Eischnee schlagen und unterheben.

Eine Auflaufform mit Butter einfetten. Die 100 g Butter zerlassen. Die einzelnen Blätter des Strudelteigs jeweils auf einem Geschirrtuch ausrollen und gut mit Butter bepinseln. Die Quarkmasse darauf verteilen, dabei an den Rändern ca. 2 cm frei lassen. Behutsam aufrollen, die Enden zusammendrücken und umklappen. Alle Strudelrollen in die Auflaufform setzen und die Oberseite mit der verbliebenen

Butter einpinseln. Den Backofen auf 180°C vorheizen und den Strudel 10 Minuten lang backen.

In der Zwischenzeit die Eiermilch zubereiten. 500 ml Milch mit 50 g Zucker, 1 Pck. Vanillezucker und 3 Eiern in eine Schüssel geben und mit dem Schneebesen verquirlen. Nach Ablauf der 10 Minuten Backzeit die Hälfte der Eiermilch über den Strudel gießen und diesen weitere 35 Minuten lang backen. Währenddessen immer wieder mit Eiermilch übergießen, bis alles verbraucht ist.

Nach Ablauf der Zeit aus dem Ofen nehmen, 20 Minuten abkühlen lassen, dann in Stücke schneiden, mit Puderzucker bestäuben und servieren.

Millirahmstrudel ist ein Klassiker unter den Wiener Mehlspeisen. Das Rezept ist schon seit Beginn des 18. Jahrhunderts bekannt.

Perfektion der Ästhetik –
das Belvedere und Gustav Klimt

Kunst und Paläste? Wien ist überreichlich mit beidem gesegnet. Wir stehen vor dem Schloss Belvedere, dem barocken Sommersitz des Prinzen Eugen von Savoyen, und blicken über die kunstvoll arrangierte Gartenanlage hinweg auf die Stadt. In schwungvollen Ornamenten windet sich das Grün, leise plätschern die Brunnen, im strengen Spalier stehen die zu Kegeln geschnittenen Koniferen beiderseits des Weges. Natur, dem Schönheitssinn des Menschen völlig unterworfen. Die strenge Herrschaft der kunstfertigen Disziplin erlaubt nicht ein einziges vorwitzig rankendes Zweiglein.

Als Feldherr verzeichnete Eugen von Savoyen große Erfolge im Krieg gegen die Osmanen, es gelang ihm dadurch, Österreichs Machtstellung im Südosten Europas zu zementieren. Seine glorreiche Karriere verhalf ihm zu Ansehen und exorbitantem Vermögen. Und weil das Leben nicht nur aus Krieg allein besteht, nutzte er sein Geld für die schönen Dinge – Schlösser, Kunst, sogar einen eigenen Zoo gönnte er sich.

Am Südrand Wiens ließ er zu Beginn des 18. Jahrhunderts das Schloss Belvedere erbauen, denn hier gab es einen Hügel, der einen herrlichen Blick auf die Stadt gewährte. „Belvedere" bedeutet ja nichts anderes als „schöne Aussicht", welch verheißungsvoller Name! Kein Wunder, dass sich Bernardo Bellotto, genannt Canaletto, von diesem Versprechen anlocken ließ. 1759 reiste er zum Schloss Belvedere und malte die Skyline Wiens, wie sie sich von diesem Ort aus präsentiert. Seine Stadtansichten genossen damals hohen Ruhm, ermöglichten sie es doch vor der Erfindung von Fotografie und Postkarte auch denjenigen, die an entfernten Orten lebten, sich eine Vorstellung vom Aussehen anderer Städte zu machen. Solche Malereien waren in ganz Europa heiß begehrt, denn natürlich demonstrierten sie auch die Weltläufigkeit ihrer Besitzer. Canalettos Werk „Wien, vom Belvedere aus gesehen" ist allerdings nicht weit herumgekommen, es hängt im Kunsthistorischen Museum von Wien. Die Stadt wollte sich verständlicherweise nicht von dieser gefühlvollen Spiegelung ihrer Anmut trennen.

Das reale Panorama vom Belvedere, das wir gerade genießen, trägt dem Künstler zu Ehren den stolzen Namen „Canaletto-Blick". Und der wird so vehement verteidigt, dass es immer wieder zu heftigen Auseinandersetzungen kommt, wenn etwa der Bau eines Gebäudes geplant wird, dessen Höhe das Bild beeinträchtigen könnte. Die markantesten Attribute im Blickfeld sind die Kuppeln von Karlskirche und Salesianerinnenkirche, die es auf der rechten und linken Seite rahmen, während zentral der Turm des Stephansdoms aufragt. Soll etwa ein Hochhaus diesen ikonischen Anblick verstellen?

Das Schloss Belvedere selbst beherbergt – wie könnte es anders sein – eine bedeutende Kunstsammlung. Vom Mittelalter bis zur Jetztzeit geleitet sie ihre Besucher durch die verschiedenartigen Epochen österreichischer Malerei. Doch es ist vor allem einer, dessen Glanz die Sammlung des Belvedere hell erstrahlen lässt: Gustav Klimt. Ein Herzstück der Ausstellung widmet sich der Malerei des Fin de Siècle und dabei besonders ihm, denn die Galerie Belvedere zeigt die weltweit größte Sammlung seiner Werke.

Denke ich an Klimt, so sehe ich in Gold schwelgende Schönheit vor meinem inneren Auge. Das ist kein Wunder, denn Klimts Vater arbeitete als Goldgraveur, und auch er selbst sollte ursprünglich diesen Beruf ergreifen. Doch Gustav, 1862 im heutigen 14. Stadtbezirk geboren, zeigte ein so herausragendes künstlerisches Talent, dass er ein Stipendium zum Besuch der Kunstgewerbeschule erhielt, und schon in den 1880er Jahren betätigte er sich in einer Ateliergemeinschaft als freier Künstler. 1897 gründete er mit ein paar Gleichgesinnten die Wiener Secession, die sich nicht nur als blühender Garten des Jugendstils hervortat, sondern das Wiener Publikum im Rahmen einer gefeierten Ausstellung auch mit dem französischen Impressionismus bekannt machte. Einige der damals gezeigten Werke hielten nach Ausstellungsende Einzug in die Galerie des Belvedere und sind noch heute dort zu sehen.

Aller Kritik aus den Reihen der Traditionalisten zum Trotz etablierte sich Gustav Klimt als herausragende Kraft im Kunstbetrieb seiner Zeit. Er ist vielleicht einer der schillerndsten und prägendsten Vertreter des Jugendstils überhaupt.

Elegant wogende Linien und florale Ornamentik charakterisieren seine Werke, und besonders in seiner „goldenen Phase" erhöhen die großzügig eingesetzten Schattierungen von Gold deren Wirkkraft zu beinahe überirdisch gleißender Pracht. Wie kein anderer repräsentiert Klimt deshalb auch das psychologische Element des Jugendstils.

Denn zum einen hatte die Industrialisierung weiten Teilen des Bürgertums zu nie geahntem Ansehen, zu Freiheit und vor allem zu Reichtum verholfen. Andererseits verkümmerten Ästhetik und visuelle Harmonie im Schatten wachsender Industriekomplexe und rauchender Schlote. Bei allem Profit, der sich daraus ziehen ließ, erwuchs doch auch eine Sehnsucht nach Eleganz und kultiviertem Stil. Wünsche, die sich dank des prallen finanziellen Polsters nur allzu leicht erfüllen ließen. Fließende Konturen und Formelemente aus der Natur wandelten sich zu dekorativen Mustern, wurden mit pathetischer Symbolik abstrahiert. Lustvoll beschwingt und in oft überbordender Fülle ergriffen sie Besitz von Bauwerken, Fassaden und Innenräumen, von Fenstern und Mobiliar, von Schriftzügen, Gebrauchsgegenständen, Schmuck und Kleidern. Und selbstverständlich auch von der Malerei.

Eines der bekanntesten Werke Gustav Klimts ist das Bildnis „Adele Bloch-Bauer I". Es entstand 1907 mit einem bisschen bunter Ölfarbe, etwas Silber und vor allem jeder Menge Goldbronze. Eine glitzernde Herrlichkeit, die sich rings um eine junge Frau mit ätherischem Charme ergießt und sie gleichsam in den Rang einer Göttin zu erheben scheint.

Klimt, der auf einer Italienreise die mittelalterlichen Goldmosaiken in Venedig und Ravenna bewundert hatte, ließ sich davon inspirieren, die außerordentliche Wirkung des Golds in zeitgemäßer Form für sein eigenes Schaffen zu nutzen. Richtet doch gerade das großflächig eingesetzte Gold den Fokus des Betrachters auf das zentrale Motiv eines Bildes, um dieses gleichzeitig dem Irdischen zu entreißen und in mystische Sphären zu verschieben. Umso mehr verstärkt sich diese Wirkung beim Gemälde „Adele Bloch-Bauer I", als Kopf, Schultern und Hände naturalistisch dargestellt sind, Kleid und Hintergrund aber in einem irrlichternden Spiel aus Glanz und Zierrat miteinander verschmelzen.

Dieses Bild, in der Galerie des Belvedere einst ein Prunkstück par excellence, hängt heute in New York. Was ist geschehen?

Vielfach wurde das Meisterwerk nach seiner Fertigstellung in europäischen Städten präsentiert, in dazwischenliegenden Phasen hing es im Salon seiner Eigentümer, dem Ehepaar

Ferdinand und Adele Bloch-Bauer. Hier kamen regelmäßig Wiener Maler, Literaten und Politiker zum intellektuellen Austausch zusammen. Denn das begüterte Paar zählte zum kulturbeflissenen jüdischen Großbürgertum der Stadt.

Kurz bevor sie im Jahr 1925 einer Hirnhautentzündung erlag, hatte Adele Bloch-Bauer verfügt, dass Klimts Gemälde nach dem Tod ihres Mannes der Staatsgalerie zufallen solle, der heutigen Galerie Belvedere. Doch es kam anders.

Denn Ferdinand Bloch-Bauer musste nach der Machtübernahme durch die Nazis fliehen, sein gesamtes Hab und Gut blieb zurück. Im Exil widerrief er alle testamentarischen Verfügungen, die Schenkungen an österreichische Museen betrafen. Weil er keine eigenen Kinder hatte, setzte er die seines gerade verstorbenen Bruders Gustav als Erben ein. Gustav hatte es versäumt, rechtzeitig die Flucht zu ergreifen, die Verzweiflung über die Plünderung seiner Wohnung durch die Nationalsozialisten überlebte er nicht.

Ohne noch einmal nach Wien zurückgekehrt zu sein, starb Ferdinand Bloch-Bauer kurz nach Kriegsende. Seine Besitztümer waren da schon längst enteignet und veräußert worden. Dazu zählte auch seine umfassende Kunstsammlung, einzig das Bildnis „Adele Bloch-Bauer I" blieb zunächst übrig. Den Kunstfunktionären der Nazis missfiel die merkwürdig abstrahierte Pinselei, doch 1941 erbarmte sich die Galerie des Belvedere und kaufte das verschmähte Stück.

Zu weltweitem Aufsehen kam es, als Maria Altmann, die Nichte und testamentarische Erbin Ferdinand Bloch-Bauers, nach einer einschlägigen Gesetzesänderung um die Jahrtausendwende die Rückgabe des Kunstschatzes einforderte. Unter anderem ging es dabei um „Adele Bloch-Bauer I". Altmann, geborene Wienerin, hatte ebenfalls ihre Heimat während der Nazizeit verlassen und lebte seitdem in Los Angeles. Die für

Österreichs Landesmuseen zuständige Ministerin lehnte das
Ansinnen jedoch rundheraus ab. Ein zur Streitschlichtung ein-
berufenes Schiedsgericht urteilte zu Gunsten Altmanns, doch
die Ministerin blieb unnachgiebig. Ein eklatanter Fehler, denn
Altmann hatte ursprünglich beabsichtigt, „Adele Bloch-Bauer I"
nach der formalen Klärung ihrer Rechte als Leihgabe in der
Galerie Belvedere zu belassen. Nun jedoch änderte sie ihre
Meinung.

Inzwischen war Altmanns Klage bei einem Gericht in den
USA anhängig. Österreichs Bundeskanzler Schüssel schaltete
sich ein, da in den USA die Regressforderungen weiterer NS-
Opfer drohten. Er erzielte ein Abkommen mit Präsident Bush,
unter anderem mit der Bedingung, die strittigen Bilder an Altmann zu restituieren. Immerhin bot Altmann dem österreichischen Staat ein Vorkaufsrecht an, doch dieser verzichtete.
„Adele Bloch-Bauer I" wechselte 2006 im Rahmen eines privaten Handels den Eigentümer; der Kaufpreis von 135 Millionen Dollar wurde zwar nie offiziell bestätigt, doch ist er wohl
realistisch und gilt damit als bis dato höchster Erlös, den je
ein Gemälde erzielte. Nun hängt Adele in der Neuen Galerie,
einem Privatmuseum in Manhattan. Ein weiteres Glanzstück
für New York, doch welch ein Verlust für Wien!

All diese Ereignisse erlebte Gustav Klimt nicht mehr, er
starb schon 1918 an den Folgen eines Schlaganfalls. Er hatte
nie geheiratet, hinterließ aber dennoch sieben Kinder. An
Beziehungen zu Frauen mangelte es dem umschwärmten
Künstler nicht, insbesondere sagt man ihm Affären mit den
porträtierten Damen nach, und möglicherweise zählte Adele
Bloch-Bauer dazu. Die Frauen waren Klimt wohl auch deshalb
zugetan, weil er ihr Recht auf eine aktive und fordernde Sexualität als selbstverständlich betrachtete, eine für die damalige
Zeit ungewöhnliche und überaus progressive Einstellung.

Leidenschaft und Hingabe sind auch die Themen seines vielleicht berühmtesten Werks „Der Kuss". Dabei handelte es sich nicht um eine Auftragsarbeit, und als Klimt den „Kuss" 1908 bei einer Ausstellung zeigte, da griff der Kultusminister im Namen des Staates zu und erwarb das Bild für die Summe von 25.000 Kronen. Das entspricht nach heutiger Kaufkraft grob berechnet ungefähr 160.000 Euro, ein derartiger Preis sprengte alles, was am damaligen Kunstmarkt als üblich galt.

Mit seinem mutigen Entschluss bewies der k. u. k. Kultusminister deutlich größere Weitsicht als seine Amtsnachfolgerin hundert Jahre später. „Der Kuss" ging an die Galerie im Schloss Belvedere, und dort hängt er noch heute. Schließlich ist er Eigentum des Staates Österreich. Zahllose Reproduktionen machten das Werk in aller Welt bekannt, doch welch ein erhebendes Gefühl ist es, vor dem Original zu stehen und dessen emotionale Kraft auf sich wirken zu lassen!

In zärtlicher Innigkeit verschmilzt das Paar mit frühlingsfrischem Blütenreigen und allgegenwärtigem Gold, ein Tribut an die Kostbarkeit der Sinnlichkeit und die ihr innewohnende Entfaltungskraft. Mann und Frau sind in Seligkeit entrückt, und doch scheint sich gleich neben ihnen ein Abgrund zu öffnen. Ist ihr Glück flüchtig? Oder ist es gerade die Liebe, die sie gemeinsam in eine unvergängliche Ewigkeit erhebt und den Abgrund überwindet?

Es ist ein rätselhaftes Bild von ergreifender Strahlkraft, gleichsam berauschend und irritierend. Mit erhabener Ästhetik auf dem Grat zwischen Wirklichkeit und Fantasie balancierend, ist die Essenz des Jugendstils in wohl kaum einem anderen Werk auf so eindringliche Weise versinnbildlicht wie in diesem Kuss.

Altwiener Gugelhupf

Zutaten:

300 g Mehl	1 Pck. Vanillezucker
200 ml Milch	½ Würfel Hefe
140 g Butter	die dünn abgeriebene Schale
100 g Zucker	einer unbehandelten Zitrone
3 Eier	ca. 50 g Mandelblättchen
100 g Rosinen	Salz
4 cl Rum	Butter zum Einfetten
	Puderzucker zum Bestreuen

Zubereitung:

Die Rosinen mit dem Rum übergießen und durchziehen lassen. Die Milch mit einem Esslöffel des Zuckers verrühren und lauwarm erhitzen. Vom Herd nehmen, die Hefe hineinbröckeln, unterrühren und 10 Minuten stehen lassen.

Währenddessen die Eier in Eigelb und Eiweiß trennen. Die Butter mit dem Mixer aufschlagen, die Eigelbe, den Vanillezucker, die Zitronenschale und die Hälfte des restlichen Zuckers hinzugeben und alles schaumig schlagen. Mit Mehl und Hefemilch zu einem geschmeidigen Teig verkneten, dabei die abgetropften Rosinen einarbeiten. Die Eiweiße mit einer Prise Salz und dem verbliebenen Zucker zu festem Eischnee schlagen und unter den Teig arbeiten.

Eine Gugelhupfform gut mit Butter einfetten, mit Mandelblättchen ausstreuen und den Teig hineinfüllen. Mit einem Geschirrtuch abdecken und 30 Minuten an einem warmen Ort gehen lassen.

Den Backofen auf 180°C vorheizen und den Gugelhupf 40 Minuten lang backen. Herausnehmen, sofort auf einen Rost stürzen und abkühlen lassen. Zum Schluss mit Puderzucker bestreuen.

Exotik am Bau – hölzerne Höhen, Gas raus, Menschen rein

Wien und Hochhäuser, das ist stets ein kompliziertes Thema. Der in den Zehnerjahren am Heumarkt geplante Luxuswohnturm zum Beispiel erhitzte die Gemüter fast bis zum Siedepunkt, obwohl er mit 66 Metern Höhe verhältnismäßig bescheiden daherkommen sollte. Doch es gab nicht nur verärgerte Bürger, die solchen Innovationen skeptisch gegenüberstehen, auch die UNESCO hob die Brauen zum Stirnrunzeln. Denn der Canaletto-Blick vom Belvedere zählte schließlich zu den ausschlaggebenden Argumenten, die der Altstadt dazu verhalfen, als Weltkulturerbe anerkannt zu werden. Dieser Status müsse im Falle des Turmbaus in Frage gestellt werden, so die UNESCO. Und flugs landete Wien auf der Roten Liste des gefährdeten Welterbes, während die Diskussion weiter tobte.

Warum auch in der Altstadt in die Höhe bauen, wo doch genug andere Viertel vorhanden sind, die sich dafür anbieten? Von der aufstrebenden Donaucity haben wir schon gehört, und außerdem gibt es da noch die Seestadt Aspern im 22. Bezirk. Sie hat sich jetzt, im 21. Jahrhundert, zu einem der größten Stadtentwicklungsprojekte Europas gemausert und bietet ab dem Jahr 2028 mehr als 20.000 Menschen sowohl Wohn- als auch Arbeitsraum. Möglich machte diese Entwicklung der Flughafen Aspern, der dort in der Zeit zwischen den Weltkriegen existierte. Später lag die Fläche brach und wurde zunächst für Autorennen genutzt. Passend dazu entstanden in den Achtzigerjahren ein Motoren- und Getriebewerk sowie ein Verkehrsübungsplatz. Doch all das ist Raumverschwendung in einer expandierenden Stadt.

Es liegt eine große Chance darin, einen kompletten Stadtteil von Grund auf zu entwickeln. Entsprechend machte man sich Gedanken, um die Fehler der Vergangenheit von vorneherein zu vermeiden. Auf keinen Fall sollte eine reine Schlafstadt entstehen, folglich mischt das Konzept Wohnen, Arbeiten und Freizeit. Inmitten der Seestadt wurde zunächst der namensgebende See angelegt, mit Uferpromenade und dazugehörigem Park. Zwei weitere große Grünflächen, Einkaufsmöglichkeiten und Kulturangebote sowie ein Mosaik aus kleineren Konzepten für den öffentlichen Raum runden die attraktive Seite der Seestadt ab. 20 Straßen sind nach Frauen benannt worden, um das Ungleichgewicht der Wiener Straßennamen, die meist Männern gewidmet sind, im Sinne des Gender-Mainstreaming auszugleichen. Doch wer hat an die Umwelt gedacht?

Wohin man auch sieht, Beton. Einfach zu verarbeiten, vielseitig, kostengünstig und stabil, kein moderner Bauherr möchte darauf verzichten. Doch die Ökobilanz von Beton, das muss man leider feststellen, ist ziemlich verheerend. Die Zementproduktion verursacht etwas mehr als drei Prozent der weltweiten Kohlendioxidemissionen, das ist ein nicht ganz unerheblicher Anteil. Das Bauen mit Beton ist also klimaschädlich. Könnte man nicht Materialien nutzen, die sich weniger nachteilig auswirken?

Lehm und Stein zum Beispiel sind im doppelten Sinne gut Freund mit dem Klima, weil sie auch für ein deutlich angenehmeres Raumklima sorgen, als Beton das vermag. Doch ihre technischen Eigenschaften setzen dem Bauen mit Stein und Lehm natürliche Grenzen. Stein ist teuer und schwer – hoch hinaus kommt man da nicht so leicht. Ungebrannter Lehm hingegen ist eines der wichtigsten, billigsten und meistverbreiteten Baumaterialien der Menschheit. Auch als Grundstoff für Hochhäuser ist er weitaus besser geeignet, als man auf den ersten Blick meinen könnte. Im Jemen zum Beispiel gibt es Gebäude aus Lehm, die schon 500 Jahre auf dem Buckel haben, und sie recken sich über neun Stockwerke bis zu 25 Meter in die Höhe. Doch dort oben scheint die natürliche Grenze der Lehmbauweise zu liegen, und außerdem ist die Haltbarkeit des Materials bei den Wetterbedingungen im viel regenreicheren Wien natürlich ganz anders zu bewerten. Lehm scheidet somit auch aus. Was bleibt, ist Holz.

Man muss schon mutig sein, um Holz für den Bau eines Hochhauses überhaupt in Erwägung zu ziehen. Vor allem, wenn man sich dazu entschließt, aus Gründen des Umweltschutzes einen schnell nachwachsenden heimischen Holzlieferanten zu wählen: die Fichte. Wer je mit Fichtenholz gearbeitet hat, der weiß, dass es sich um ein weiches und nicht besonders witterungsbeständiges Material handelt. Warum haben sich die Bauherren des mit dem Namen HoHo bezeichneten Holzhochhauses in der Wiener Seestadt Aspern dennoch dafür entschieden?

Das Anfang 2019 fertiggestellte HoHo ist mit 24 Geschossen und einer Höhe von 84 Metern ein Pionier der Baugeschichte, denn gemeinsam mit dem zeitgleich im norwegischen Brumunddal errichteten Mjøstårnet ist es das erste hölzerne Hochhaus der Welt. Es wäre sogar das höchste geworden, hätten die Norweger nicht im letzten Moment noch eine Balkenkonstruktion auf ihr Bauwerk gesetzt, sodass es nun 85,4 Meter hochragt. Da hatte sie wohl der Wettbewerbsgeist gepackt, denn tatsächlichen Nutzen bringt der Aufbau nicht. Das norwegische Holzhaus bietet nämlich nur 18 Stockwerke und damit eine geringere Nutzfläche als das HoHo.

Verglichen mit den Wolkenkratzern, die weltweit aus Stahl, Beton und Glas in immer atemberaubendere Höhen wachsen, nehmen sich die etwas mehr als 80 Meter der Holzhäuser natürlich mehr als bescheiden aus. Und dennoch muten sie nicht minder erstaunlich an. Ein Hochhaus, errichtet aus Fichte? Doch die Belastbarkeit des Nadelholzes ist besser, als man denkt. Tatsächlich ist es sogar tragfähiger als Beton, und das bei geringerem Gewicht und zudem einem deutlich besseren Einfluss auf das Raumklima.

Für das HoHo wurden 4.350 Kubikmeter Fichtenholz benötigt, dieses wurden nur nachhaltig bewirtschafteten Wäldern entnommen. Nach Angaben der federführenden Projektentwickler wächst die gleiche Masse an Holz in den Wäldern Österreichs binnen einer Stunde und 17 Minuten nach. Und es kommt noch besser, denn durch die Verwendung von Holz konnten im Vergleich zur herkömmlichen Betonbauweise an die 2.800 Tonnen CO_2 eingespart werden. Das entspricht in etwa den Emissionen, die von einem PKW mit herkömmlichem Antrieb auf einer Strecke von 20 Millionen Kilometern ausgestoßen werden.

Dank der besonderen Konstruktionsweise des Hauses konnte darüber hinaus bei dessen Errichtung eine enorme Menge an Energie und Fahrtwegen eingespart werden, und die Senkung des Energieverbrauchs schlägt sich durch ökologische Versorgungssysteme auch beim fertigen Haus nieder. Der Clou aber ist, dass das verwendete Holz CO_2 dauerhaft speichert, während die nachgepflanzten Bäume wiederum während ihres Wachstums neues CO_2 binden. Kampf gegen den Klimawandel durch Bauen mit Holz! Warum tun wir das nicht alle?

Das HoHo ist ein Pionierprojekt, und die Umsetzung einer derartigen Innovation erforderte zunächst hohe Investitionen in die Entwicklung eines Konzepts. Hinzu kamen die Bauauflagen, die vor allem in puncto Brandschutz große Anforderungen an die Techniker stellten. Und letztlich ließen sich doch nicht alle Herausforderungen ausschließlich mit Holz bewältigen. Der Kern des Bauwerks, Liftschächte und Treppenhäuser bestehen aus Beton, aus Gründen des Schallschutzes auch eine Teilschicht der Böden. Das Ergebnis ist ein Kompromiss, doch immerhin 75 Prozent des Gebäudes bestehen nun aus Holz.

Dieses Holz bleibt im HoHo gut sichtbar, es zeigt sich in Stützpfeilern, an Decken und Wänden. Wo immer möglich, verrät das Haus, was in ihm steckt. Und das Fichtenholz verbreitet seinen harzigen Duft, das ganze HoHo riecht nach Wald. Aufgrund der Planvorschriften bietet es ausschließlich gewerblich genutzte Flächen; die 20.000 Quadratmeter teilen sich Restaurant, Büros, Anbieter aus den Bereichen Gesundheit, Fitness, Wellness und Schönheit, ein Hotel sowie Apartments zur Kurzzeitmiete.

So stehe ich nun vor dem HoHo und schaue doch etwas ratlos daran empor. Die Idee hat mich wirklich begeistert, und damit bin ich offensichtlich nicht die Einzige. Hochhäuser aus Holz wachsen inzwischen vielerorts empor, nach Wien folgten Hamburg, Tokio, Eindhoven, Vancouver, Chicago, und es werden immer mehr. Aber ehrlich gesagt, ganz so Plattenbaumäßig hatte ich mir die ökologische Revolution am Bau nicht vorgestellt.

Die Besonderheit des HoHo bleibt dem Betrachter seiner Fassade verborgen. Das ist einer behördlichen Auflage geschuldet, aus Gründen des Brandschutzes musste die Außenhaut mit Eternitplatten verkleidet werden. Und obwohl ihre Anordnung an eine Baumrinde erinnern soll, wirken sie doch eher langweilig und unansehnlich. Schade.

Doch Wien wäre nicht Wien, wenn es einen trüben Eindruck nicht wieder aufzufrischen wüsste. Deshalb sind wir im Anschluss noch zu den Gasometern in Simmering gefahren, dem 11. Bezirk.

Die 1896 errichteten zylinderförmigen Backsteinklötze dienten einem Kraftwerk als Speicher für Stadtgas, diesen Zweck erfüllten sie bis 1975. Ursprünglich waren es sechs Gasometer, vier davon sind übriggeblieben. Nach umfassenden Sanierungen und Umbauten erfuhren sie zu Beginn des Jahrtausends eine grundlegende Umwidmung. Hinter ihrer denkmalgeschützten Fassade verbergen sich nun Wohnungen und ein Studentenheim, Läden und Restaurants. Außerdem ein Musikzentrum im Gasometer B mit einer Veranstaltungshalle für 4.200 Besucher, mit Spezialgeschäften, Ausbildungscampus und Akademien. Die Gasometer haben sich dadurch zu einem Laboratorium der Wiener Rock-, Jazz- und Popmusikszene entwickelt.

Die vier Zylinder sind mit ihrer Höhe von etwa 70 Metern weithin sichtbar. Weil sie zudem einen Durchmesser von jeweils rund 60 Metern aufweisen, bieten sie eine ganze Menge Platz. Obwohl sie von außen identisch wirken, ist doch jeder von ihnen im Inneren ganz individuell gestaltet worden. In dreien schmiegen sich die Räume um einen zentralen Innenhof, lediglich Gasometer D ist anders aufgebaut. Er beherbergt 119 Wohnungen, die sternförmig im Inneren des Rundbaus angeordnet sind und jeweils eine eigene Grünfläche oder zumindest einen Balkon besitzen.

Den Gasometer A hingegen beherrscht hypermoderner Spiegelglanz, denn die Innenflächen aus Glas und Stahl reflektieren millionenfach das durch die Glaskuppel einfallende

Licht. Die Wohnetagen mit ihren 120 Wohnungen beginnen erst in 25 Metern Höhe, darunter befinden sich Büro- und Geschäftsräume.

Gasometer B ist der einzige, zu dem ein von außen sichtbares weiteres Wohngebäude gehört. Deshalb kann er auch mit insgesamt 254 Wohnungen aufwarten, im Inneren des Kubus schmiegen sie sich kreisförmig rings um die Außenwände.

Dergestalt sind auch die 92 Wohnungen im Gasometer C angelegt, allerdings sind sie hier stufenförmig versetzt, ihr Aufbau verjüngt sich nach oben. Auf diese Art kann das von dort einfallende Licht optimal gestreut werden, was dem rankenden Grün und den Bäumen im Inneren zugutekommt. Der Wohnbereich beginnt in rund 30 Metern Höhe, seine Fassaden sind weiß und umrunden eine zentrale Glaskuppel am Boden des Innenhofs.

Die außergewöhnliche Neugestaltung der Gasometer hat viel Aufsehen erregt, und zahlreiche Besucher kommen, nur um dieses architektonische Ideenspektrum anzusehen und zu bestaunen. Auf die Bewohner hingegen haben die neugestalteten Gasometer eine ganz bemerkenswerte Wirkung: Sie haben sich zu einer Community zusammengeschlossen, einer Art großem Dorf in der noch viel größeren Stadt. Offensichtlich lässt die nicht alltägliche Wohnsituation ein ganz besonderes Gemeinschaftsgefühl entstehen, ein Phänomen, dass inzwischen auch wissenschaftlich untersucht wird.

Und die ohnehin großartige Wiener Musikszene hat noch eine neue Denkfabrik hinzugewonnen. Schon seit dem Mittelalter zog es Musiker in diese Stadt, doch mit der Wiener Klassik und dem Dreigestirn aus Haydn, Beethoven und Mozart stieg sie endgültig in den Olymp der Klänge auf. Begleiten wir nun einen von ihnen auf seinem Weg durch das Leben im Wien seiner Zeit.

Vanillerostbraten mit Braterdäpfeln

Zutaten für 4 Personen:

4 fingerdicke Scheiben Roastbeef (Rostbraten) à ca. 180 g	40 g kalte Butter
	40 g Butterschmalz
	Öl zum Braten
800 g Kartoffeln (Erdäpfel, festkochend)	Balsamicoessig
	Kümmel
10 Knoblauchzehen	Senf
400 ml Rinderfond	Mehl
2 Zwiebeln	Salz, Pfeffer

Zubereitung:

Die Kartoffeln in gesalzenem Wasser halb gar kochen, in ein Sieb abgießen und mit kaltem Wasser abschrecken. Abkühlen lassen, schälen und in dicke Scheiben schneiden.

Die Knoblauchzehen häuten, die Hälfte davon fein hacken, die übrigen mit dem Messerrücken oder der Knoblauchpresse zu Paste zerdrücken. Die Zwiebeln schälen und in feine Ringe schneiden. Den Backofen auf 160°C erhitzen. Das Fleisch waschen, trocken tupfen und leicht mit dem Fleischklopfer bearbeiten, damit es weich wird, danach salzen, pfeffern und gleichmäßig mit der Knoblauchpaste einreiben. Abschließend mit etwas Mehl bestäuben.

In einer großen Pfanne einen guten Schuss Öl erhitzen und die Kartoffelscheiben flach darin verteilen. Bei mittlerer Hitze goldbraun braten, dabei regelmäßig wenden. Mit Salz und Pfeffer sowie Kümmel nach Geschmack würzen.

Gleichzeitig das Butterschmalz in einer Pfanne erhitzen und das Fleisch von beiden Seiten jeweils eine Minute stark anbraten. Aus der Pfanne nehmen und auf offener Alufolie für 10 Minuten in den Backofen legen.

Währenddessen in einer kleinen Pfanne etwas Öl erhitzen und die Zwiebelringe goldbraun braten.

Den Fond in die Fleischpfanne gießen, den Bratrückstand mit dem Holzlöffel lösen. Den restlichen Knoblauch hinzugeben, die Sauce aufkochen und leicht einreduzieren. Mit Salz, Pfeffer, etwas Senf (nach Geschmack) und einem kleinen Schuss Balsamicoessig abschmecken, zum Schluss die kalte Butter einrühren.

Das Fleisch aus dem Ofen nehmen, locker mit Alufolie abdecken und 2–3 Minuten ruhen lassen. Dann in der Knoblauchsauce wenden und zusammen mit Sauce, Zwiebelringen und Braterdäpfeln auf Tellern anrichten.

Dazu passt grüner Salat (Häuptlsalat).

Für Vanille mussten früher fast unerschwinglich hohe Beträge gezahlt werden. Auch Knoblauch gehörte zu den kostspieligeren Zutaten, wenngleich er nicht ganz so teuer war. Er galt deshalb in Wien als „Vanille des kleinen Mannes".

Vom Zauber der Musik – Mozart in Wien

Welch wunderbare Magie entfaltet die Musik! Und wie viel überwältigender muss sie erst auf die Menschen gewirkt haben, bevor elektronische Medien die Klänge bis in den letzten Winkel des Daseins tragen konnten! Lag doch in einer musikalischen Darbietung der Gipfel des Hochgenusses, wer einmal davon gekostet hatte, der strebte immer wieder danach.

Als im ausgehenden 18. Jahrhundert immer mehr Wiener auf den Geschmack kamen, da folgte die kaiserliche Politik dem Zeitgeist und erlaubte die Eröffnung freier Musiktheater neben Burg- und Kärntnertortheater, die beide unter höfischer Leitung standen. Außerhalb der alten Stadtmauer entstanden drei Wiener Vorstadttheater und unterhielten ihr Publikum mit Singspiel und Musiktheater, dazu mit Possen, Pantomimen, mitunter auch etwas ernsteren Stücken. Als private Häuser mussten sie Geld einspielen, entsprechend versuchten sie, sich mit ständig neuen Glanzpunkten möglichst attraktiv in Szene zu setzen.

Ahnte man im Freihaustheater, dem unweit des Naschmarkts gelegenen Vorstadttheater, von welcher Tragweite der 30. September 1791 sein würde? Konnte sich irgendjemand auch nur im Entferntesten vorstellen, mit welcher Verve dieser Tag in die Musikgeschichte eingehen würde?

Der Wettstreit um zahlende Kundschaft ließ dem zwei Jahre zuvor berufenen Theaterdirektor keine Ruhe. Wie ein Stachel trieb ihn die ständige Suche nach neuen Publikumsmagneten. Am besten wäre etwas völlig Neuartiges, ein Feuerwerk aus Musik, fantastischen Bildern und Kostümen, dazu eine fesselnde Geschichte voller Magie, Liebe und Glücksverheißung. Eingängig, emotionsgeladen, komplex, dabei aber nicht zu kompliziert. Kurzum so, dass sich niemand der Kraft des Spektakels entziehen könnte.

Jener Theaterdirektor hieß Emanuel Schikaneder. Für sein Projekt hatte er einen talentierten Komponisten gewinnen können. Er selbst verfasste das Libretto, jener andere sollte die passende Musik beisteuern. Schikaneder kannte ihn bereits von seiner früheren Tätigkeit in Salzburg, seit zehn Jahren wirkte der Mann nun als freischaffender Musikkünstler in Wien: Wolfgang Amadeus Mozart.

Schon als Sechsjähriger kam Mozart erstmals nach Wien. Als „Wunderkind" durfte er vor Kaiserin Maria Theresia im Schloss Schönbrunn musizieren, und angetan von dem begnadeten Buben gewährte sie ihm sechs Jahre später eine Audienz in der Hofburg. Doch zunächst blieb er in seiner Heimatstadt Salzburg. Dort arbeitete er schon in jungen Jahren als Konzertmeister für den Erzbischof, allerdings fühlte er sich in seinen künstlerischen Möglichkeiten zunehmend eingeschränkt. Die Missstimmungen zwischen Bischof und Musiker nahmen zu.

1781 reiste Mozart im Alter von 25 Jahren wieder einmal nach Wien, zunächst im Einvernehmen mit seinem Chef. Nun aber kam es zum endgültigen Zerwürfnis. Aus dem Deutschordenshaus in der Wiener Singerstraße, das dem Salzburger Erzbischof gehörte und wo Mozart zunächst logierte, musste er ausziehen. Der Oberküchenmeister soll ihn sogar ziemlich unsanft per Fußtritt aus dem Haus geworfen haben, eine Demütigung, über die Mozart in seinen Briefen klagte.

Dann mache ich mich eben selbstständig, dachte er sich. Von der Metropole erhoffte er die ersehnte Freiheit und die Chance zu grenzenloser Kreativität. Um seinen Lebensunterhalt sorgte der junge Mann sich kaum. Er würde Klavierunterricht geben, und sprächen sich seine Fähigkeiten erst einmal in der Stadt herum, so könnte er mit Kompositionsaufträgen bestimmt nicht schlecht verdienen.

Doch das große Geld ließ auf sich warten. Völlig mittellos zog er nach dem Rauswurf bei einer Witwe in der Milchgasse zur Untermiete ein, und obwohl finanzielle Nöte auch die Folgezeit prägten, blieb sein Herz doch empfänglich: Er verliebte sich in Constanze, eine der Töchter jener Witwe. Als ihre Beziehung aufflog, musste er nach nur fünf Monaten erneut umziehen. Der Druck, endlich mehr zu verdienen, stieg. Er gab Klavierkonzerte, in der übrigen Zeit stürzte er sich ins Komponieren. Auch ohne Auftrag ließ er seiner Inspiration freien Lauf, schrieb etliche Klavierkonzerte und Opern. So entstanden „Die Entführung aus dem Serail", später auch „Figaros Hochzeit", „Don Giovanni" und „Così fan tutte".

Vor allem die Opern halfen ihm aus der Bredouille. „Die Entführung aus dem Serail" brachte so viel ein, dass er seine Hochzeit mit Constanze am 4. August 1782 davon finanzieren konnte. Ein Jahr später kam das erste Kind, fünf weitere sollten folgen. Doch nur zwei von allen erreichten das Erwachsenenalter. Constanze und Wolfgang Amadeus blieben bis zu dessen Tod zusammen, wenngleich ihr Glück nicht immer ungetrübt war. Es gab Streitereien und Affären, auch ständige Geldprobleme belasteten die Nerven des Paars.

Eine bessere Wohnung fand sich in der Domgasse 5, ganz in der Nähe des Stephansdoms. Zweieinhalb Jahre verbrachte die Familie hier. Ihre Wohnung in der ersten Etage ist bis heute erhalten, weshalb das Gebäude später als „Mozarthaus" für Besucher öffnete. Allerdings existiert das Mobiliar nicht mehr, wie in Siegmund Freuds Praxisräumen ist man auf die eigene Fantasie angewiesen. Mehr Aufschluss über Mozarts Leben und Werk gibt die zugehörige Ausstellung im Mozarthaus.

1784 fand Mozart in der Wiener Freimaurerloge eine spirituelle Heimat. Die humanistischen Ansichten der Freimaurer, ihr Streben nach Freiheit der Gedanken, nach Eigenverantwortlichkeit und Gleichberechtigung zogen ihn in den Bann. Die freimaurerische Weltanschauung sollte sich fortan vielfach in seinen Werken spiegeln.

Eine enge Freundschaft verband Mozart mit Joseph Haydn, der kurz nach ihm der Freimaurerloge beitrat. Mozart empfand eine tiefe Bewunderung für die Werke des knapp 24 Jahre älteren Haydn, der schon als Kind nach Wien gekommen war, um als Chorknabe im Stephansdom zu singen. Autodidaktisch entwickelte Haydn seine enorme musikalische Gabe weiter, er stieg zum Kapellmeister der Familie Esterházy und zum impulsgebenden Meister der Wiener Klassik auf. Das musikalische Talent Mozarts begeisterte Haydn, gern spielten beide gemeinsam im Streichquartett. Wo immer möglich, unterstützte Haydn seinen jungen Kollegen als Mentor.

Doch obwohl seine Opern in ganz Europa phänomenale Erfolge feierten, obwohl er fieberhaft arbeitete und Musikstücke wie am laufenden Band produzierte, kam Mozart aus seinen Schulden nicht heraus. Im Umgang mit Geld fehlte ihm die glückliche Hand, die er beim Arrangieren von Noten zeigte. Verdiente er etwas, so gab er es gleich wieder aus. Seine großzügige Lebensführung und die häufigen Umzüge in immer größere Wohnungen forderten ihren finanziellen

Tribut. Hinzu kam eine Erkrankung Constanzes, die hohe Behandlungskosten nach sich zog. Und eine Festanstellung, die mit einem regelmäßigen Einkommen die ständige Geldnot gelindert hätte, blieb Mozart verwehrt.

Erst 1787 ernannte der Kaiser ihn zu seinem Kammermusicus, eine mit dem jährlichen Salär von 800 Gulden dotierte Stelle. Doch verschlang allein die Wohnungsmiete fast zwei Drittel davon. Dennoch gehörte Mozart zu den gut verdienenden Bürgern seiner Zeit. Seine jährlichen Einkünfte als freier Musiker summierten sich zu rund 10.000 Gulden, was in etwa der heutigen Kaufkraft von 125.000 Euro entspricht. Die verklärten Legenden vom armen Künstler entstanden erst viel später. In Wirklichkeit lebte Mozart auf großem Fuß, er brachte auf diese Art sein Geld viel zu schnell wieder unter die Leute.

Welch ein Segen war es deshalb, als Theaterdirektor Emanuel Schikaneder, ebenfalls Freimaurer, mit dem Auftrag für eine neue Oper an ihn herantrat! Und was für eine wundervolle Geschichte Schikaneder sich ausgedacht hatte! Die strahlende Kraft der Weisheit bildete ihren Kerngedanken, um den herum ein fantastischer Bilderbogen schillernder Märchengestalten agierte. Gut gewürzt mit einer Prise Komik, präsentierte sich die Story zudem nicht allzu schulmeisterlich.

Auf Basis dieses Librettos konnte sich Mozarts musikalisches Genie beinahe grenzenlos entfalten. Das Resultat ist ein Reigen aus eingängigen Weisen, gemischt mit virtuosen Passagen höchsten musikalischen Anspruchs. Ein Feuerwerk von solcher Grandiosität, dass sein Glanz bis heute nicht verblassen konnte. Generationen haben sich davon betören lassen, und kaum ein anderes musikalisches Opus zieht ein so breites Publikum aller Altersstufen in seinen Bann: „Die Zauberflöte".

Bei ihrer Uraufführung im Wiener Freihaustheater rief sie noch durchaus gemischte Reaktionen hervor. Zwar gefiel dem Publikum die einzigartige Musik, doch die humanistische Botschaft irritierte so manchen. War man doch bis dahin an eher schlichte Kasperl- und Märchenspiele gewöhnt. Dennoch ist die Zauberflöte zu einer der bekanntesten und meistinszenierten Opern der Musikgeschichte aufgestiegen.

Sie stellte ein völlig neues Format vor, indem sie dramatische Oper und unterhaltende Volksoper zu einem neuartigen Singspiel miteinander verknüpfte. Im Zentrum der Geschichte steht der Machtkampf zwischen der Königin der Nacht und dem hohen Priester Sarastro. Vieles bleibt rätselhaft, die Erzählung wirft Fragen auf, mitunter verwirrt sie, und gerade die vielfältigen Möglichkeiten der Interpretation, die letztlich jedem einzelnen Zuschauer überlassen sind, mögen zu ihrer zeitlosen Faszination nicht unerheblich beitragen.

Im Vorfeld haben die Eingeweihten des geheimnisvollen Sonnenkreises unter Sarastros Führung die Macht von der Königin der Nacht übernommen. Sie ist die Mutter Paminas, deren Vater gerade gestorben ist. Die Königin setzt nun alles daran, ihre Herrschaft zurückzuerlangen. Sarastro lässt im Gegenzug Pamina entführen, um ein Druckmittel zu haben. So weit, so unerfreulich.

Die Königin kann nun den Prinzen Tamino zur Befreiung ihrer Tochter gewinnen, zumal er angesichts deren Abbilds in Liebe entflammt. Der Vogelfänger Papageno soll ihn bei seiner Aufgabe unterstützen, als technische Hilfsmittel stehen ihnen Zauberflöte und Glockenspiel zur Verfügung. Während es Papageno gelingt, zu Pamina vorzudringen und ihr von der geplanten Befreiungsaktion zu berichten, erfährt Tamino, dass die Absichten Sarastros gar nicht so übel sind, wie von der Königin behauptet. Doch Sarastros Oberaufseher Mono-

statos nimmt Tamino gefangen. Monostatos ist als „Mohr"
eine höchst zwiespältige Figur. Die Diskussion darüber würde
insbesondere vor dem Hintergrund des Rassismus ein ganzes
Kapitel für sich in Anspruch nehmen.

Sarastro weist Monostatos in seine Schranken, Tamino
und Pamina wird die Aufnahme in den Tempel der Weisheit
in Aussicht gestellt. Um sich würdig zu erweisen, müssen sie
allerdings drei anspruchsvolle Prüfungen bestehen. Eine der
Herausforderungen führt sogar so weit, dass Pamina kurz vor
dem Selbstmord steht. Papageno plagen derweil ganz andere
Sorgen, er leidet unter Einsamkeit und verzehrt sich vor Sehnsucht nach einer Partnerin. Dank Glockenspiel und Zauberflöte wendet sich schließlich alles zum Guten. Monostatos
und die Königin der Nacht werden besiegt, Papageno findet
in Papagena eine Gefährtin, Tamino und Pamina werden in
Sarastros Kreis der Eingeweihten aufgenommen.

Der Hölle Rache kocht im Herzen der Königin der Nacht
und verschafft sich in nie zuvor gehörten Koloraturen Gehör.
Ergreifend wird von Tamino die bezaubernde Schönheit des
Bildnisses der Pamina besungen. Die Einfalt des farbenfrohen Vogelfängers wirkt herzerfrischend lustig, und dennoch
regt sich tiefes Mitgefühl angesichts seines Unglücks. End-
lose Traurigkeit verbreitet Pamina, wenn sie seufzend klagt:
„Ach, ich fühl's, es ist verschwunden". Und mehrfach droht
der Tod, so gleich zu Beginn, wenn Tamino von einer gefähr-
lichen Riesenschlange angegriffen wird. Monostatos verbreitet
Furcht und Schrecken, und bebend verfolgt das Publikum die
Prüfungen, die Pamina und Tamino durchlaufen müssen. Um
am Ende vom weisen Sarastro in erleuchtete Sphären der Seligkeit geleitet zu werden, wenn endlich die Strahlen der Sonne
die Nacht vertreiben. Wie auf einer Achterbahnfahrt führt die
Geschichte, vor allem aber die emotionsgeladene Musik das

Publikum durch sämtliche Höhen und Tiefen menschlicher Empfindungen. Doch am Ende, welch unsagbare Erleichterung, wird alles gut.

Leider verlief die weitere Entwicklung für Mozart alles andere als gut. Knapp zwei Monate nach der Uraufführung erkrankte er, und als er am 5. Dezember starb, war er noch keine 36 Jahre alt. Die Todesursache konnte nie abschließend geklärt werden.

Entgegen der allgemein verbreiteten Ansicht starb Mozart aber keineswegs völlig verarmt. Auch wurde er nicht in einem Armengrab verscharrt, sondern in einem nicht namentlich gekennzeichneten Grab auf dem Sankt Marxer Friedhof bestattet, was damals durchaus üblich war. Zuvor hatte die Einsegnung des Leichnams im Stephansdom stattgefunden. An der mutmaßlichen Stelle seines Grabes wurde später ein Gedenkstein errichtet, unter den Ehrengräbern auf dem Zentralfriedhof würdigt ihn ein weiteres Grabdenkmal.

In den Tagen nach seinem Tod fanden in Wien, aber auch in anderen europäischen Städten etliche Trauerkonzerte statt. Nur nicht in Salzburg. Dort verzieh man Mozart nicht, dass er nach Wien gegangen war, kaum jemand nahm Notiz von seinem Ableben. Nur eine winzige, kaum beachtete Zeitungsmeldung informierte fünf Tage später vom Tod des großen Sohns der Stadt.

Mozarttorte

Zutaten:

100 g Mehl
50 g Speisestärke
900 ml Sahne
230 g dunkle Kuvertüre
4 Eier
2 Eiweiß
160 g Zucker
100 g Puderzucker
100 g gemahlene Pistazien
30 g gehackte Pistazien

15 g Kakaopulver
7 Blätter Gelatine
1 Pck. Vanillezucker
2 Tl Backpulver
10 cl Kirschwasser
3 Mozartkugeln
geraspelte dunkle Schoko-
lade
Butter zum Einfetten
Salz

Zubereitung:

Die Eier in Eigelb und Eiweiß trennen. Die 4 Eiweiße mit
einer Prise Salz zu festem Eischnee schlagen. Die Eigelbe mit
4 El heißem Wasser, 80 g Zucker und 40 g Puderzucker
so lange aufschlagen, bis die Masse ihr Volumen verdoppelt
hat und cremig ist. 50 g dunkle Kuvertüre im Wasserbad
schmelzen und unterrühren. Nun Backpulver, Speisestärke,
Mehl und Kakaopulver hinzusieben und zusammen mit dem
Eischnee unterheben.

Den Backofen auf 180°C vorheizen. Eine Springform gut
mit Butter einfetten und den Teig hineinfüllen. 45 Minuten
backen, dann abkühlen lassen und schließlich waagerecht in
2 Böden schneiden.

400 ml Sahne mit 80 g Zucker zu fester Schlagsahne
schlagen. Die 2 Eiweiß mit einer Prise Salz zu Eischnee schlagen und unter die Sahne heben. Zwei Drittel der Masse in
den Kühlschrank stellen. 1 Blatt Gelatine in kaltem Wasser
einweichen und ausdrücken. 60 g Kuvertüre zusammen mit

2 cl Kirschwasser im Wasserbad erhitzen, die Gelatine darin auflösen, gut vermischen und alles unter das verbliebene Drittel der Sahnemasse rühren. Auf dem ersten Tortenboden verteilen und 2 Stunden ins Tiefkühlfach stellen.

4 Blätter Gelatine in kaltem Wasser einweichen und ausdrücken. 400 ml Sahne mit 60 g Puderzucker und 1 Pck. Vanillezucker steif schlagen und die gemahlenen Pistazien unterrühren. 4 cl Kirschwasser leicht erwärmen, die Gelatine darin auflösen und in die Pistaziencreme einrühren. Die Hälfte der Masse auf der gefrorenen Schokoladenmasse verteilen und mit dem zweiten Tortenboden abdecken. Die restliche Pistazienmasse darauf verteilen und die Torte eine weitere Stunde ins Gefrierfach stellen.

2 Blätter Gelatine in kaltem Wasser einweichen und ausdrücken. 120 g dunkle Kuvertüre zusammen mit 4 cl Kirschwasser im Wasserbad erhitzen, die Gelatine darin auflösen, alles gut vermischen und unter die übrigen zwei Drittel der Sahnemasse heben. Die Torte auf der Oberseite und an den Rändern damit bestreichen und mindestens 4 Stunden – besser noch über Nacht – im Kühlschrank durchziehen lassen. Vor dem Servieren mit gehackten Pistazien und geraspelter Schokolade bestreuen.

Die restliche Sahne steif schlagen, in einen Spritzbeutel füllen und rings um den Tortenrand in gleichmäßigem Abstand 12 Sahnetupfen (eins pro Tortenstück) platzieren. Die Mozartkugeln vorsichtig vierteln und mit den Schnittkanten nach oben jeweils auf einen der Sahnetupfen setzen.

Alles Walzer – der Opernball

Als die Zauberflöte zur Uraufführung kam, befand sich Europa gerade auf dem Weg in einen Tumult, der eine Epoche der Unruhen und Aufstände einleitete. Denn zwei Jahre zuvor war in Frankreich eine Revolution ausgebrochen, deren Wirren zehn Jahre tobten und eine Kette von Krieg, Umbruch und gesellschaftlicher Neuordnung entfesselten. Dafür sorgten vor allem die Eroberungszüge, mit denen Napoleon kurz nach Beginn des neuen Jahrhunderts den Kontinent überzog, um die Idee der Französischen Revolution bis in dessen hintersten Winkel zu tragen. Als der Feldherr in der Völkerschlacht bei Leipzig 1813 schließlich besiegt und in der Folge gestürzt wurde, da erwachte Europa im Tohuwabohu. Nichts war wie zuvor: Grenzen verschoben oder aufgeweicht, Gesetze über den Haufen geworfen, althergebrachte Regierungsstrukturen eliminiert. Eine Neuordnung tat dringend Not.

Nach all dem Elend und dem Blutvergießen, das die Napoleonischen Kriege mit sich gebracht hatten, beschlossen die mächtigen Herren Europas, dieses Mal die Vernunft walten zu lassen. Man würde sich zusammensetzen und in aller Ruhe eine Lösung finden, mit der sich das politische Haus Europas zur Zufriedenheit aller aufräumen ließe. Bis vor wenigen Jahren noch Sitz des Kaisers des Heiligen Römischen Reichs und daher von herausragender Stellung innerhalb des Kontinents, drängte sich Wien als Ort für diese Zusammenkunft fast schon zwingend auf. Bevollmächtigte aus rund 200 europäischen Ländern, Städten und Fürstentümern reisten an, die Leitung der Konferenz übernahm der Außenminister Österreichs, Fürst Klemens Wenzel Lothar von Metternich.

Jeder, der schon einmal einem Kolloquium mit einer Vielzahl von stimmberechtigten Teilnehmern angehörte, weiß, wie zäh sich eine solche Zusammenkunft hinziehen kann. Vor allem, wenn es um die Klärung wirklich wichtiger Angelegenheiten geht. Jeder hat etwas dazu beizutragen, und eine Flut von Bedenken verhindert schnelle und pragmatische Entschlüsse. Wie ermüdend so etwas ist!

Kein Wunder also, dass den Kongressteilnehmern nach den zermürbenden Sitzungen etwas zur Aufmunterung geboten werden musste. Hätten sie doch sonst allzu schnell die Lust an der Sache verlieren können. In der Folge hätten neue Kriege gedroht, die doch niemand wollte. Nein, sagten sich die Veranstalter, ein bisschen Spaß muss sein!

Köstlichkeiten aus der Wiener Küche beim gediegenen Dinner, Konzerte, Opern und Theateraufführungen bildeten einen recht erquicklichen Rahmen. Doch um wirklichen Schwung in die Freizeitgestaltung zu bringen, musste es noch ein bisschen mehr sein. Tanzen, das wäre eine gute Idee! Würde doch gerade die damit verbundene nähere Begegnung mit dem anderen Geschlecht ein paar stimulierende Impulse in den verstaubten Herrenzirkel bringen.

Im Lauf der Jahrhunderte hatte sich der höfische Tanz zu einer in höchstem Maße stilisierten Kunstform entwickelt. Insbesondere während der Zeit des Absolutismus strahlte die illustre Sonne des französischen Hofes hell über dem ganzen Kontinent. Eifrig taten die anderen Adelshäuser es den Franzosen nach, wer etwas auf sich hielt, folgte deren Modediktat. Als angesagtester Tanz stand das Menuett im Vordergrund.

Der Ablauf unterlag dabei strengen Regeln und erfolgte höchst gemessenen Schrittes. Es gab keinerlei Schwung, geschweige denn verzückte Hingabe an die Bewegung, und eine Berührung unter den Tänzern erfolgte bestenfalls durch zaghafte Begegnungen der Hände.

Doch nach den Erfahrungen der Vorjahre wollte man die Dominanz des Französischen nun am liebsten schnellstmöglich loswerden. Eine europaweite Revolution schien zwar zunächst in ihre Schranken gewiesen, doch welches Potenzial in der neuen Geisteshaltung schlummerte, zeigte sich vielleicht zuerst auf dem Tanzboden.

Schon in der zweiten Hälfte des 18. Jahrhunderts vereinzelt aufgetaucht, 1797 erstmals in Breslau beim Namen genannt, hatte ein neuartiger Modetanz inzwischen die Stadt Wien erreicht. Und jetzt, beim Wiener Kongress, schlug seine große Stunde: der Wiener Walzer. Aus der ursprünglich noch langsamen Form des gemeinsamen „Walzens" entstand mit rasanter Geschwindigkeit das wirbelnde Kreisen im Dreivierteltakt. Berauschende Drehungen, beschwingte Musik und vor allem die enge körperliche Nähe der Tanzenden – das alles stellte eine völlige Innovation dar. Und obwohl ihm aufgrund der innigen Umarmung ein gewisser Ruf mangelnder Züchtigkeit anhaftete, war es doch gerade diese frivole Freizügigkeit, die den besonderen Reiz des Walzers ausmachte. Das prickelnde Gefühl bei einem kokett gewagten Flirt, das Aufflammen sinnlicher Spannung bei einer Berührung der Körper – all das blieb doch ganz unverbindlich und frei von jedweder Konsequenz. Nach jahrhundertelanger Disziplin wirkte der Wiener Walzer wie eine euphorisierende Glücksdroge.

Ganz wesentlich kam der Aspekt hinzu, dass dieser Tanz nun wirklich gar nichts mit französischer Etikette zu tun hatte.

So ist es kein Wunder, dass sich die in endlosen Sitzungs-
stunden aufgestaute Frustration der Kongressteilnehmer am
Abend umso lustvoller beim Walzertanz löste. Über Monate
zogen sich die Verhandlungen hin, und böse Zungen mein-
ten, die Ursache für diese Verzögerung treffsicher erkannt zu
haben. Hieß es doch: „Der Kongress tanzt, aber er kommt
nicht vorwärts."

Er ging schließlich doch zu Ende, aber der Walzer blieb.
Von nun an fanden in der Hofoper regelmäßige Walzerver-
anstaltungen statt. Und sie kamen so richtig in Fahrt, als der
1804 geborene Johann Strauss im Alter von 20 Jahren erstmals
als Komponist von sich reden machte. Wir nennen ihn Johann
Strauss Vater, weil er nicht so umsichtig gewesen ist, für seinen
1825 geborenen Sohn einen alternativen Vornamen zu wählen.
Und da dieser als Walzerkomponist eine noch weitaus fulmi-
nantere Karriere hinlegen sollte, könnte man Vater und Sohn
ohne diesen kleinen Hinweis leicht verwechseln.

Der Vater schrieb 215 Tanzmusikstücke, davon allein 152
Walzer. Doch das Gesamtwerk des Sohns ist noch viel umfas-
sender, Opern, Operetten, Ballettmusik und Polkas gehören
dazu. Vor allem aber komponierte er Walzer, Johann Strauss
Sohn ist der „Walzerkönig" schlechthin. Denkt man an Wiener
Walzer, so hat man unwillkürlich eine seiner eingängigen
Melodien im Ohr. Sein Donauwalzer „An der schönen blauen
Donau" gilt sogar als heimliche Hymne Wiens, wenn nicht
sogar ganz Österreichs.

Johann Strauss Sohn avancierte zum glänzenden Star der
Wiener Musikszene. Auf den Schwingen seines Dreiviertel-
takts hob der Wiener Walzer ab zu einem überwältigenden
Triumphzug, der das gesamte 19. Jahrhundert hindurch kein
Ende nehmen wollte. Als 1869 am Kärntner Ring die Wiener
Staatsoper eröffnete, dauerte es deshalb nur wenige Jahre, bis

die Idee aufkam, eine Walzer-Soirée in deren Räumlichkeiten zu veranstalten. Die Einnahmen flossen dem Pensionsfonds der Oper zu, allerdings sollte nur der Musik gelauscht und keinesfalls getanzt werden. In Paris war es bei Opernbällen nämlich zu Chaos und Turbulenzen gekommen, derartige Zustände wollte Kaiser Franz Joseph unter allen Umständen vermeiden.

Doch da hatte er die Rechnung ohne den Wirt gemacht. Johann Strauss Sohn, bewährt in der jahrelangen Leitung der Wiener Hofbälle, stand an diesem 11. Dezember 1877 am Dirigentenpult und ließ das Opernorchester seine Greatest Hits spielen. Ein leichtes Wiegen der Schultern hier, ein wippender Fuß da, ein Zucken in den Oberschenkeln dort – wie schwer fiel des dem Publikum, auf seinen Plätzen zu bleiben! Doch als schließlich Johanns zehn Jahre jüngerer Bruder Eduard mit seiner populären Strauss-Kapelle auftrat und erstmals seine Opern-Soirée-Polka intonierte, da gab es kein Halten mehr. „Alles Walzer", soll der begeisterte Johann Strauss ausgerufen haben, ein Kommando, das später zum traditionellen Eröffnungsruf des Wiener Opernballs aufstieg. Flugs wurden die Stühle beiseitegeräumt, und schon wirbelte der ganze Saal im Rausch des Walzerschwungs herum.

Die Veranstaltung erwies sich als Riesenerfolg und rief so begeisterte Reaktionen hervor, dass gleich im darauffolgenden Januar der nächste Walzerabend stattfand. Zwei- bis dreimal im Jahr traf man sich nun im Haus der Staatsoper zum Ball, wobei die verwegene Aura noch dadurch betont wurde, dass die Damen bis Mitternacht Masken trugen.

Die Kriegskatastrophen in der ersten Hälfte des letzten Jahrhunderts brachten zwar Rückschläge, doch seit 1956 findet der Opernball nun jährlich am letzten Donnerstag der Karnevalszeit statt. Ausnahmen gab es nur aus Angst vor Terroranschlägen während des Golfkriegs im Jahr 1991 und in der Zeit der Corona-Pandemie.

Im Vorfeld des Balls wird die Bestuhlung der Oper entfernt. Das ganze Haus inklusive Orchestergraben und Bühne verwandelt sich in ein Tanzparkett. Doch so ausgelassen und anarchisch wie in der Anfangszeit geht es schon lange nicht mehr zu, ganz im Gegenteil folgt der Ablauf einem strengen Ritual. Nachdem der Bundespräsident zu den Klängen der immer gleichen Musik in seiner Loge Platz genommen hat, findet die Eröffnungspolonaise durch die rund 150 Paare des Jungdamen- und Jungherrenkomitees statt. Bis 2009 übernahmen diese Aufgabe Schüler einer Wiener Tanzschule, seitdem kommen sie abwechselnd aus allen österreichischen Bundesländern.

Die Teilnehmenden werden als „Debütanten" bezeichnet, was an die traditionelle Einführung junger Aristokratinnen in die höfische Gesellschaft und in den zugehörigen Heiratsmarkt erinnert. Heute gilt diese Konvention natürlich nicht mehr, der Auftritt hat daher nur noch eine symbolische Funktion.

Die Debütanten tragen dabei schwarzen Frack mit weißer Weste, dazu weiße Handschuhe und schwarze Lackschuhe, die Debütantinnen schneeweiße Abendkleider, ellenbogenlange Handschuhe und eine aufgesteckte Ballfrisur. Darin sind funkelnde Diademe befestigt, die jedes Jahr von international bekannten Designern entworfen werden, zum Beispiel von Donatella Versace, Christian Lacroix oder Dolce & Gabbana. Das optische Erscheinungsbild der jungen Leute ist bis ins kleinste Detail reglementiert, strikt untersagt sind auffällige Haarfarben, sichtbare Piercings oder gar Tattoos.

Erst wenn die Paare nach der Polonaise noch eine sorgsam choreografierte Tanzrunde hingelegt haben, erschallt der Ruf „alles Walzer!", und das Parkett sowie sämtliche anderen verfügbaren Flächen des Opernhauses werden für alle Gäste zum Tanz freigegeben. Zwischendurch erfreuen berühmte Sänger sowie Ballettdarbietungen das Publikum, ab Mitternacht erfolgt alle zwei Stunden eine Quadrille. Um fünf Uhr früh ist schließlich Schluss mit dem Spektakel.

Doch eine allgemeine Volksbelustigung ist der Wiener Opernball keineswegs. Er zeichnet sich vor allem durch seine Exklusivität aus. Stars und Sternchen, Prominenz aus Politik und Wirtschaft sowie sonstige Berühmtheiten nutzen ihn als Projektionsfläche ihrer Selbstdarstellung. Berühmt-berüchtigt ist dabei besonders der österreichische Bauunternehmer Richard Lugner, der sich alljährlich um besonders glanzvolle Begleitung bemüht. In der Liste seines Gefolges finden sich illustre Gäste, und Jahr für Jahr wird mit Spannung erwartet, wer es dieses Mal sein wird. An seiner Seite sah man schon Harry Belafonte, Sophia Loren, Roger Moore und Goldie Hawn, aber auch trashigere Stars wie Dieter Bohlen, Paris Hilton oder Kim Kardashian. All das unter sensationsgieriger Beobachtung durch die Regenbogenpresse und das gewöhnliche Volk, dem das Happening als Live-Übertragung vom Fernsehen präsentiert wird. An die zweieinhalb Millionen Schaulustige sollen sich dabei alljährlich zuschalten.

Wer persönlich dabei sein möchte, muss tief in die Tasche greifen. Karten gibt es zwar schon ab etwas mehr als 300 Euro pro Person, möchte man dazu aber einen Tisch, werden für vier Personen noch einmal mehr als 800 Euro fällig. Wobei sich diese preiswerteren Tische außerhalb des Ballsaales befinden. Getränke und Verzehr der von der k. u. k. Hofzuckerbäckerei Café Gerstner gelieferten Leckereien sind allerdings nicht inkludiert, ein Fläschchen Champagner schlägt noch einmal mit etwa 500 Euro zu Buche. Dafür gibt's die Gulaschsuppe schon für gute 10 Euro. Und trotz der hohen Eintrittspreise muss man auch noch Glück haben, denn die Karten sind im Handumdrehen weg. Über die Vergabe entscheidet die Oper, wer leer ausgeht, kann es noch bei privaten Anbietern versuchen, die aber meist höhere Preise verlangen. Deutlich günstiger sind Karten für die Generalprobe am Vortag, doch dabei fehlt natürlich die Prominenz.

Wer etwas auf sich hält, begnügt sich selbstverständlich nicht mit einem einfachen Tisch. Da muss es schon eine Loge sein. Bühnenlogentische gibt es für ungefähr 12.000 Euro. Eine eigene Bühnenloge kann man für etwas mehr als 13.000 Euro buchen, eine einfache Rangloge ab knapp 24.000 Euro. Wer sich lieber auf einer der nobleren Rang- und Parterrelogen zeigen möchte, muss dem Opernhaus für dieses Privileg den stattlichen Jahresbeitrag von rund 40.000 Euro entrichten. Doch trotz der exorbitanten Preislage besuchen jährlich mehr als 5.000 Gäste das Fest, die Oper erzielt damit einen Gewinn von rund einer Million Euro.

Hat man eine der begehrten Karten ergattert, ist es damit natürlich noch nicht getan. Nun gilt es, sich das erforderliche Outfit zuzulegen. Für die Herren herrscht Frackpflicht, die Damen benötigen ein „großes" Abendkleid. Das kleine Schwarze reicht also keinesfalls, denn das Gewand muss mindestens knöchellang sein, der Rock darf nicht gerade hinabfallen, sondern muss vielmehr untenherum ausgestellt sein. Hat man sein Budget schon mit dem Kartenkauf überstrapaziert, kann man all das auch bei Spezialisten ausleihen, dort gibt es den Frack für einen Abend schon ab gut 200 Euro.

Damen, die sich bei Walzerdrehungen auf High Heels zu unsicher fühlen, dürfen auch flachere Schuhe tragen, allerdings sind bei geschlossenen Schuhen Nylons beziehungsweise Seidenstrümpfe verpflichtend, bei offenen Schuhen hingegen untersagt. Der Dresscode schreibt auch eine festliche Hochsteckfrisur vor, vergessen Sie also nicht, rechtzeitig einen Friseurtermin zu buchen. Auch Ihr Taxi sollten sie vorbestellen, und ganz wichtig: Falls die letzte Tanzstunde schon ein Weilchen zurückliegt, nehmen Sie an einem der Auffrischungs- oder Ballblitzkurse teil, die von den Wiener Tanzschulen angeboten werden. Schließlich wollen Sie sich ja nicht blamieren!

„Paulaner Würstchen" – frittierte Fischkroketten

Zutaten für 4 Personen:

800 g Zander   1 Zwiebel
Hecht oder Karpfen (grä-   2 Knoblauchzehen
tenfrei und küchenfertig)   die dünn abgeriebene Schale
3 Brötchen (Semmeln)   einer unbehandelten Zitrone
ca. 300 ml Milch   reichlich Speiseöl zum
100 g Paniermehl   Braten
100 g Mehl   Majoran
4 Eier   gemahlene Muskatnuss
80 g Butter   Salz, Pfeffer

Zubereitung:

Die Brötchen in Würfel schneiden, diese 10 Minuten in der Milch einweichen, anschließend gut ausdrücken und in eine Schüssel geben. Die Zwiebel schälen, fein würfeln, in der Butter glasig anbraten und mit in die Schüssel geben. Den Fisch in Würfel schneiden, die Knoblauchzehen häuten und mit dem Messerrücken zerdrücken. Beides zusammen mit der Zitronenschale in die Schüssel geben. Salzen, pfeffern und mit etwas Majoran sowie Muskatnuss würzen, 2 Eier hinzuschlagen und alles mit dem Pürierstab zu einer festen, gut formbaren Masse verarbeiten. Sollte die Masse zu weich sein, etwas Paniermehl nachgeben, bis die gewünschte Konsistenz erreicht ist.

Nun aus der Masse etwa daumendicke und daumenlange Würste formen. Mehl und Paniermehl jeweils in ein Schälchen füllen, die verbliebenen Eier ebenfalls in eine Schale geben und mit 1 El Speiseöl verquirlen. Die Würstchen nun zunächst im Mehl, dann im Ei und abschließend im

Paniermehl wälzen. In einer hohen Pfanne reichlich Speiseöl erhitzen, die Würstchen hineingeben und bei mittlerer Hitze braten, bis sie ringsum goldbraun sind. Sofort servieren. Dazu gibt's Erdäpfelsalat (Rezept s. Seite 44).

Dieses alte Wiener Rezept entstand vermutlich in einem städtischen Kloster des Paulanerordens. Die Paulaner hatten ein Gelübde abgelegt, kein Fleisch zu verzehren. Stattdessen aßen sie die Karpfen, Zander und Hechte aus dem klostereigenen Fischteich. Eigentlich hätten sie aber lieber auch mal Fleisch verspeist, und deshalb formten sie den Fisch so, dass er wenigstens wie eine Wurst aussah. Seit 1784 gibt es keine Paulaner mehr in Österreich, das Rezept muss also schon früher entstanden sein. Die Kroketten eignen sich natürlich auch gut als Snack beim Opernball.

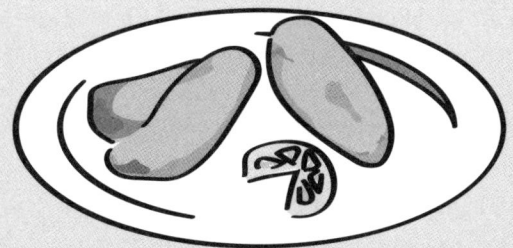

Von ganz oben hinab in die Tiefe – Geschichten vom Stephansdom

Wo wir Wien doch dieses Mal zur Karnevalszeit besuchten, hätten wir natürlich auch gut zum Opernball gehen können. Stattdessen stehen wir nun oben am Dachrand des Stephansdoms und schauen hinunter auf das quirlige Treiben tief unter uns. Zugegebenermaßen mit einem leichten Gefühl der Beklemmung. Denn unter unseren Füßen befindet sich lediglich ein Gitterrost, dessen großzügige Öffnungen den Blick geradewegs hinab in den Abgrund freigeben. Das ist nichts für schwache Nerven.

Ich erinnere mich noch gut daran, wie ich vor vielen Jahren zum ersten Mal hier oben stand, damals in Begleitung meines gut zweijährigen Erstgeborenen. Die unvermittelt aufklaffende Tiefe schockierte den Kleinen so sehr, dass er sich panisch an mir festklammerte und ich ihn schnellstmöglich auf den Arm nehmen musste. Das half allerdings nicht wirklich, und noch heute, als längst erwachsener Mann, führt er seine unüberwindbare Höhenangst auf dieses Ereignis zurück. Die Schuld an seinem Trauma trage ich folglich gemeinsam mit dem Stephansdom – ich befinde mich also in bester Gesellschaft.

Hat man den ersten Schreck überwunden, so fällt der Blick auf das markante Dach mit seinem bunten Zickzackmuster. Hochherrschaftlich stechen daraus die Wappen der Stadt und der Republik hervor sowie auf der gegenüberliegenden Seite das Monogramm Kaiser Franz II. mit seinem doppelköpfigen Adler. Franz war bis 1806 der letzte Kaiser des Heiligen Römischen Reichs, als Franz I. begründete er das Kaisertum Österreich. Das stellte natürlich eine gewisse Degradierung dar, und vielleicht schauen die Köpfe seines Adlers ja deshalb so grimmig zu beiden Seiten.

Die beiden Adler von Stadt und Republik hingegen sind einander zugewandt, was nur durch einen Trick des Dachdeckers möglich wurde. Denn eigentlich schaut der österreichische Bundesadler in die andere Richtung, und das Wappen abzuändern ist gar nicht erlaubt. Angesichts der symbolischen Zugewandtheit von Stadt und Republik hat man hier beide Augen zugedrückt. Unter den Wappen ist die Zahl 1950 zu erkennen, sie erinnert an das Jahr der Fertigstellung des Dachs nach seiner Zerstörung im Zweiten Weltkrieg, als der hölzerne Dachstuhl aus dem 15. Jahrhundert vollständig abbrannte.

Dass es nicht noch schlimmer kam, ist der Befehlsverweigerung eines Hauptmanns der Wehrmacht zu verdanken. Nachdem der Dom zunächst die Bombenangriffe auf Wien unversehrt überstanden hatte, wurde nach dem Einschlag einer ersten Bombe am 10. April 1945 auf seinem Turm eine weiße Flagge gehisst. Ein Zeichen der Kapitulation, verbunden mit der Bitte um Verschonung vor weiterem Bombardement. Über diesen „Verrat" geriet der SS-Stadtkommandant so in Rage, dass er befahl, den Stephansdom mit 100 Granaten in Schutt und Asche legen zu lassen. Hauptmann Gerhard Klinkicht führte die Order nicht aus – man mag sich vorstellen, in welchen Konflikt ihn diese Gewissensentscheidung angesichts der rigorosen Brutalität des Nazi-Militärs stürzte. Eine Gedenktafel an der Außenseite des Doms erinnert an den mutigen Mann. Allerdings konnte auch er nicht verhindern, dass schon zwei Tage später die von Plünderern gelegten Brände der umstehenden Häuser auf den Dachstuhl des Doms übergriffen.

Das wiederhergestellte Dach ist ein echter Blickfang. Trotz unserer erhabenen Position bleibt uns hier oben allerdings der Anblick der Jausenfee verborgen. Dafür müssten wir uns zur sommerlichen Nachmittagszeit in die Weingärten von Grinzing im Nordwesten von Wien begeben. Steht die Sonne dann gerade richtig, meint man, eine strahlende Frauengestalt über dem Stephansdom zu erkennen. Was als überirdische Erscheinung gedeutet werden könnte, ist doch bloß eine Lichtreflexion zwischen den beiden Heidentürmen des Doms. Es heißt, dass sie den Arbeitern in den Weingärten als Signal für den Feierabend galt, die Fee verkündete also, dass es endlich Zeit für die ersehnte Jause war.

Diese Jausenfee gibt einen Hinweis darauf, dass der Stephansdom eine wahre Fundgrube für Legenden und Geschichten ist. Was hat es zum Beispiel mit den beiden Heidentürmen auf sich, die das Riesentor in der spätromanischen Westfassade rahmen? Die Türme sind 65 Meter hoch, somit nicht halb so hoch wie der schlanke Südturm mit seinen stolzen 136 Metern. Doch muss man sie deshalb gleich zu „Heiden" degradieren?

Tatsächlich weiß niemand, wie sie zu ihrem Namen kamen. Womöglich, weil sie aus den verbliebenen Steinen altrömischer Gebäude errichtet wurden. Es könnte aber auch damit zusammenhängen, dass auf den Spitzen ihrer Pilaster, den Teilsäulen unter den Rosettenfenstern rechts und links des Riesentors, jeweils sehr eindeutig die in Stein gemeißelten Geschlechtsteile von Mann und Frau zu erkennen sind. Das lässt nun wirklich nicht an christliche Züchtigkeit denken, sondern vielmehr an heidnische Fruchtbarkeitsbräuche. Penis und Vulva erfüllten früher einen ganz praktischen Zweck, denn Männer und Frauen mussten zum Gottesdienst auf getrennten Seiten im Kirchenschiff Platz nehmen. Ein Blick auf die Pilasterspitze rief also in Erinnerung, in welche Richtung sie sich jeweils zu wenden hatten. Denn manche Leute geraten ja beim Auseinanderhalten von rechts und links in Verwirrung. Die derart drastische Form der Darstellung ist damit freilich nicht unbedingt erklärt.

Und woher hat das Riesentor seinen Namen? Auch darauf gibt es keine verlässliche Antwort. Es kursiert die Geschichte, dass vor Zeiten ein Mammutknochen über dem Eingangsportal hing, den die Gläubigen für den Überrest eines Riesen hielten. Dazu wussten sie sich bestimmt allerhand fantastische Geschichten zu erzählen.

Die Furcht vor dem Unerklärlichen führte auch zur Legende von den Tattermännern, die sich einst in einer Einbuchtung der Kirchenmauer nahe des heutigen Domshops befanden. Es handelte sich um drei kleine, als Teufelchen gedeutete Statuetten, und man sagt, sie seien aus reinem Gold gewesen. Obwohl durch ein Gitter in ihrer Nische gesichert, sollen sie doch von Zeit zu Zeit in unsichtbarer Gestalt ins Innere des Gotteshauses geschlüpft sein, um dort manch üblen Schabernack zu treiben. So kamen sie zu ihrem Namen, denn beim „Tattermann" handelt es sich in der alpenländischen Sagenwelt um einen koboldartigen Geist.

Eines Tages jedoch verschwanden die drei auf Nimmerwiedersehen, deshalb erinnert schon seit dem 15. Jahrhundert in jener Nische nur noch eine Inschrift an sie. Sollten sie wirklich aus purem Gold bestanden haben, so gibt es vielleicht eine ganz weltliche Erklärung für ihr Abhandenkommen. Vermutlich waren sie einst bei Ausschachtungen für den Dombau im Untergrund aufgetaucht, es könnte sich um römische Grabfiguren gehandelt haben. Und weil man sich vor allem Heidnischen fürchtete, platzierte man sie an der Außenwand und sperrte sie hinter ein Gitter. Um damit symbolisch das Böse draußen zu halten, während nur Reines Einlass ins Kircheninnere fand.

Von hier oben sehen wir allerdings weder Riesentor noch Fruchtbarkeitssymbole oder Tattermänner. Um mich vom Schrecken der Tiefe abzulenken, schaue ich nun hinauf zum Chordach, an dessen Rand ein bronzener Hahn Platz genommen hat. Auch um ihn rankt sich eine Legende.

Kaiser Maximilian I. schickte zu Beginn des 16. Jahrhunderts einen Ritter nach Konstantinopel. Unterwegs nahmen Piraten den Mann gefangen und verkauften ihn in die Sklaverei. Nach Jahren wurde er daheim für tot erklärt, und seine Witwe plante eine erneute Heirat. Davon träumte der Ritter, und als er schweißgebadet erwachte, erschien der Teufel und versprach ihm, ihn per Flug auf dem Rücken eines Hahnes rechtzeitig zurückzubringen. Wenn ihm der Ritter nur im Gegenzug seine unsterbliche Seele verschriebe. Der verzweifelte Mann konnte sich immerhin noch ausbedingen, dass er während des gesamten Fluges schlafen müsse, damit diese Absprache ihre Gültigkeit behalte. Als die denkwürdige Fluggesellschaft sich Wien schließlich näherte, da ging gerade die Sonne auf. Und der Hahn tat, was in diesem Moment Hahnespflicht ist. Sein Krähen weckte den Ritter, der Teufel guckte in die Röhre. Wutentbrannt schleuderte er seinen Reisegast in die Donau. Ein Fischer zog den Mann wieder heraus, dieser eilte zu seiner Frau, und zum Dank für das glückliche Ende stiftete er einen Hahn für das Dach des Stephansdoms.

Dumm für den Teufel. Ihm ist es allerdings auch zuzuschreiben, dass der Nordturm des Stephansdoms nie vollendet werden konnte. Der Südturm hingegen besticht als architektonisches Meisterwerk seiner Zeit und überragt die Dächer der Stadt wie ein Fingerzeig gen Himmel. 1467 begannen die Arbeiten am Nordturm, der den Südturm als dessen Ebenbild spiegeln und somit der äußeren Erscheinung des Doms zu wohlgefälliger Symmetrie verhelfen sollte.

Der ehrgeizige Gehilfe des alten Baumeisters versprach, dieses Werk binnen eines einzigen Jahres zu vollenden. Das stellte natürlich rein technisch betrachtet ein Ding der Unmöglichkeit dar. Doch der Gehilfe war guter Dinge, weil auch er einen Pakt mit dem Teufel geschlossen hatte. Mit der vermeintlichen Leistung wollte er seinen Meister beeindrucken, denn er warb um dessen Tochter Maria. Der Teufel stellte ihm allerdings die Bedingung, während des gesamten Baujahres niemals den Namen Gottes oder eines Heiligen auszusprechen. Und wie sollte das dem verliebten Burschen angesichts des Namens seiner Erwählten gelingen? So blieb der Nordturm am Ende unvollendet. Und in Wirklichkeit ist diese Tatsache wohl weniger einem Fluch des Teufels als vielmehr finanziellen Problemen, religiösen Wirren und der Bedrohung durch die Osmanen geschuldet.

Statt Richtung Himmel zu stürmen, ist der Nordturm bloß ein steinerner Stumpf geblieben. Zum Ausgleich hat er ein Kuppeldach erhalten und darf die Pummerin beherbergen, zu der uns die Fahrt mit dem Aufzug hinaufgebracht hat. Sie ist Österreichs größte freischwingende Glocke und bringt bei einem Durchmesser von mehr als drei Metern satte 20 Tonnen auf die Waage. Ihre Vorgängerin hatte den Dachbrand von 1945 nicht überstanden, die neue Glocke entstand aus deren Bruchstücken, nimmt seit 1951 ihren Platz ein und wird liebevoll als „Stimme Österreichs" bezeichnet. Sie erklingt zu hohen kirchlichen Feiertagen, außerdem läutet sie in der Silvesternacht das neue Jahr ein.

Nun haben wir genug von der schwindelerregenden Höhe, und bevor wir das Innere des Doms mit all seinen Kunstwerken und architektonischen Feinheiten genauer betrachten, wollen wir zunächst für einen Ausgleich sorgen, indem wir uns in die Tiefe begeben. Denn ganz in der Nähe des Altars befindet sich der Eingang zur Wiener Unterwelt.

Schon ab dem 14. Jahrhundert wurden hier Katakomben angelegt und später immer weiter ausgebaut. Sie können im Rahmen einer Führung besichtigt werden. Nach dem Abstieg geht es zunächst in die Herzogsgruft, wo neben ein paar prunkvollen Särgen vor allem verzierte Urnen in den vergitterten Nischen stehen. Sie sind die Zeugen der als „Getrennte Bestattung" bezeichneten Praxis, die ab Mitte des 17. bis ins ausgehende 19. Jahrhundert bei den Habsburgern gängig gewesen ist. Dabei entnahm man dem Leichnam seine Eingeweide und konservierte diese in alkoholischer Flüssigkeit. Das geschah, um das vorschnelle Fortschreiten des Verwesungsprozesses während der Aufbahrung des Toten zu verhindern. Die entleerten Körper wurden anschließend in der Kaisergruft unter dem Kapuzinerkloster am Neuen Markt beigesetzt, die Innereien von 56 Habsburgern befinden sich hingegen in den Urnen der Herzogsgruft des Stephansdoms.

Weiter geht es durch Bischofs- und Domherrengruft, wo die hohen Kirchenherren standesgemäß hinter marmornen Platten zur letzten Ruhe gebettet sind. Wohlgeordnet und würdevoll, wie man es von einer solchen Grablege nicht anders erwartet.

Welchen Schrecken löst deshalb der Gegensatz aus, den die Neuen Grüfte dazu aufwerfen! Diese rund 30 Grabkammern entstanden ab 1744 und erstrecken sich nicht nur unter dem Dom, sondern im Untergrund des gesamten Stephansplatzes. Wegen eines Grundwassereinbruchs sind sie heute nur noch teilweise zugänglich, dennoch kann man sich ihr früheres Ausmaß noch einigermaßen gut vorstellen.

Weit über 10.000 Tote sollen hier bestattet worden sein, je nach persönlichen Verhältnissen mit oder auch ohne Sarg, übereinandergestapelt bis an die Decke. War eine Gruft voll, mauerte man sie zu und hob die nächste aus. Es sollen Berichte existieren, denen zufolge der Verwesungsgestank durch die Bodenplatten bis in den Stephansdom drang. Dieser Umstand mag dazu beigetragen haben, dass die Katakombenbestattungen 1783 verboten wurden, woraufhin die Friedhöfe außerhalb der Stadtmauern entstanden.

Jetzt riecht es hier unten nur noch modrig. Doch der Anblick der hinter Eisengittern aufgehäuften Knochenberge ist schaurig genug. Höchste Zeit, dass wir wieder nach oben kommen!

Gefüllte Kalbsbrust auf Wiener Art mit Paradeisersalat und Knödeln

Zutaten für 4 Personen:

1.200 g Kalbsbrust	2 Möhren
800 g Tomaten (Paradei-	3 Zwiebeln
ser)	1 Bd. Blattpetersilie
600 g Kartoffeln (Erdäpfel;	2 El Essig
mehlig kochend)	4 El Speiseöl
800 ml Kalbsfond	5 Pimentkörner
200 ml Milch	5 Wacholderbeeren
2 Brötchen (Semmeln)	2 Lorbeerblätter
150 g Kartoffelstärke	Butterschmalz
60 g Butter	dunkler Saucenbinder
20 g kalte Butter	gemahlene Muskatnuss
3 Eier	Zucker, Salz, Pfeffer

Zubereitung:

Die Semmeln in Würfel (ca. 1 cm Kantenlänge) schneiden und 10 Minuten in der Milch einweichen. Die Zwiebeln schälen, eine davon fein würfeln, eine grob in Stücke und die letzte in Ringe schneiden. Die Petersilie waschen, die Blättchen abzupfen und fein hacken. Die Möhren putzen und in 3-4 Stücke schneiden. Die Kalbsbrust waschen, trocken tupfen und eine taschenartige Öffnung hineinschneiden. Ringsum salzen und pfeffern.

60 g Butter zerlassen und zusammen mit den gut ausgedrückten Semmeln in eine Schüssel geben. 2 Eier hinzuschlagen, mit Muskatnuss, Salz und Pfeffer würzen und alles mit der gewürfelten Zwiebel und der Hälfte der Petersilie vermengen. Die Masse in die Kalbsbrust füllen und die Öffnung mit Küchengarn vernähen.

In einem Bräter etwas Butterschmalz erhitzen und die Kalbsbrust von beiden Seiten kräftig anbraten. Mit Kalbs-

fond ablöschen, Zwiebel- und Möhrenstücke, Lorbeerblätter, Pimentkörner sowie Wacholderbeeren hinzugeben. Den
Bräter ohne Deckel in den auf 160°C vorgeheizten Backofen
stellen. 2 ½ Stunden schmoren lassen, dabei die Kalbsbrust
immer wieder mit dem Bratfond übergießen und nach der
Hälfte der Zeit wenden.

Die ungeschälten Kartoffeln 20 Minuten in Salzwasser
kochen, abgießen, sofort pellen und mit dem Kartoffelstamp-
fer oder der Kartoffelpresse bearbeiten, bis eine homogene
Masse entstanden ist. Das verbliebene Ei, die Kartoffelstärke
sowie 1 El Speiseöl hinzugeben, salzen und alles verkneten. Aus der Masse Knödel formen, mit einem Geschirrtuch
abdecken.

Die Paradeiser waschen, halbieren, in Scheiben schneiden
und in einer Salatschüssel mit den Zwiebelringen vermischen.
4 El Speiseöl, 2 El Essig, die restliche Petersilie, eine Prise
Zucker sowie etwas Salz und Pfeffer verrühren und über den
Salat träufeln.

Reichlich Salzwasser in einem Topf zum Kochen bringen. Die Kalbsbrust nach Ende der Backzeit aus dem Ofen
nehmen, locker mit Alufolie abdecken und 10 Minuten an
einem warmen Ort ruhen lassen. Die Knödel währenddessen
in kochendem Salzwasser garen.

Den Bratenfond durch ein Sieb in einen Topf gießen, den
Satz im Bräter mit etwas Wasser lösen und hinzugeben. Mit
etwas Saucenbinder aufkochen, leicht eindicken lassen und
zum Schluss die kalte Butter unterrühren.

Die Kalbsbrust in Scheiben schneiden, zusammen mit den
Knödeln auf vorgewärmten Tellern anrichten und mit der
Sauce beträufeln. Dazu den Paradeisersalat servieren.

Am Abgrund der Widermensch-
lichkeit – eine finstere Geschichte
aus der Hofburg

Als letzter großer Besichtigungspunkt steht die Hofburg auf unserem Programm. Doch wo soll man da anfangen? Sie ist ein gewaltiger Gebäudekomplex, gewachsen über einen Zeitraum von 700 Jahren. Man muss sich nur vor Augen halten, wie vielen mächtigen Monarchen sie als Zuhause und als Regierungssitz diente. Wer immer das Bedürfnis dazu verspürte, ließ an ihr herumbauen und ihr seinen persönlichen Stempel aufdrücken. Immer wieder gab es Neugestaltungen, oft auch einen Anbau oder womöglich gleich eine wesentliche Erweiterung.

So entstand ein gewaltiges Konglomerat von Gebäudeteilen, das sich über etwa 24 Hektar erstreckt. Die Hofburg hat 19 Höfe, 18 Flügel und nicht weniger als 2.600 Räume. Nachdem die Kaiser längst ausgezogen sind, beherbergt sie heute einige Museen und ist teilweise für die Öffentlichkeit zugänglich. Doch angesichts der überwältigenden Fülle sollte man sich gut überlegen, in welcher Form man ihre Besichtigung in Angriff nehmen möchte.

Die beliebtesten Attraktionen der Hofburg sind die Kaiserappartements von Franz Joseph I. und Elisabeth von Österreich-Ungarn, verbunden mit Sisi-Museum und Silberkammer. Außerdem kann man die Schatzkammer mit den Reichsinsignien besuchen, die Albertina und die Hofbibliothek, ein Filmmuseum, eine Papyrussammlung, ein zeitgeschichtliches Museum und das Ephesos-Museum mit Fundstücken aus der antiken Stadt an der türkischen Ägäisküste, die um die vorletzte Jahrhundertwende herum von österreichischen Archäologen erforscht wurde. Zum Dank überließ der damalige Sultan Kaiser Franz Joseph einen Teil der dabei entdeckten Objekte für dessen Sammlung.

Darüber hinaus sind in der Hofburg noch Musikinstrumente ausgestellt, es gibt eine Jagd- und Rüstkammer sowie das Weltmuseum Wien. Letzteres ist ein ethnologisches Museum und hieß bis zum Jahr 2013 „Museum für Völkerkunde". Die Umbenennung erfolgte unter dem Aspekt, dass man heute mit etwas mehr Selbstkritik auf die Ausstellungsobjekte blickt, die von den Vorvätern nicht nur aus wissenschaftlichem Interesse zusammengetragen wurden. Oft spielten dabei auch die Faszination des Fremdartigen, eine gewisse Sensationsgier sowie rassistischer Dünkel eine nicht unerhebliche Rolle. Viele der Objekte wurden auf Expeditionen zusammengetragen, deren Teilnehmer sich nicht weiter mit Fragen nach den eigentlichen Besitzverhältnissen oder sonstigen Skrupeln herumschlugen.

Vorgänger dieses Museums war das Hof-Naturalien-Cabinett, einst gegründet durch den leidenschaftlichen Sammler Franz Stephan von Lothringen, Ehemann der Kaiserin Maria Theresia. Er trug als Kaiser des Heiligen Römischen Reichs den Namen Franz I., und auch sein späterer Amtsnachfolger Franz II., der uns im letzten Kapitel begegnet ist, teilte dieses naturwissenschaftliche Interesse. Franz II. pflegte das Naturalienkabinett mit Leidenschaft und erweiterte die Ausstellung, die sich bis dahin im Wesentlichen auf Fossilien und Mineralien beschränkt hatte, um eine Vielzahl ausgestopfter Tiere.

Die möglichst unbeschädigt abgezogene Haut zu präparieren und auf diese Art haltbar zu machen, stellt nämlich eine Fertigkeit dar, die zu seiner Zeit gerade entwickelt wurde und sich zunehmend in der Phase ihrer Perfektionierung befand. Mithilfe von genauen Messungen, manchmal auf Grundlage des Schädels und der Knochen oder eines Gipsabdrucks des Kadavers wurde ein naturnah gestalteter Körper aus Materialien wie Holz, Ton, Wolle, Draht und Stroh hergestellt, meist unter Mischung mehrerer dieser Werkstoffe. Zog man die präparierte Haut über den künstlichen Körper, so erhielt man ein täuschend lebensecht wirkendes Schaustück. Dessen Anblick weckte Begeisterung, deshalb kamen ausgestopfte Tiere um die Wende zum 19. Jahrhundert herum groß in Mode.

Erlauben Sie mir nun einen Szenenwechsel, denn ich möchte Sie weiter zurück ins 18. Jahrhundert entführen und Ihnen einen Mann vorstellen. Seine Lebensgeschichte ist außerordentlich erstaunlich, vor allem, wenn man ihren katastrophalen Anfang in Betracht zieht. Er stammte aus dem heutigen Nigeria und gehörte vermutlich zum Volk der Kanuri. Nach einer Stammesfehde geriet er schon als kleines Kind in Feindeshand. Seine Entführer verschleppten ihn nach Nordafrika und tauschten ihn gegen ein Pferd an europäische Kolonialisten, die ihn zunächst Kamele hüten ließen. Als er schließlich das Alter von etwa zehn Jahren erreicht hatte, verschifften seine Herren ihn nach Messina, um ihn auf dem dortigen Sklavenmarkt zu verkaufen.

Das stellte sich als Glück im Unglück heraus, denn nun wendete sich sein Schicksal. Er kam in den Besitz einer Marquise, die Gefallen an ihm fand. Deshalb ließ sie den Jungen taufen und trug dafür Sorge, dass er in den Genuss einer ordentlichen Erziehung kam. Er erhielt den Namen Angelo Soliman.

Der Anblick dunkelhäutiger Menschen stellte für die meisten Europäer der damaligen Zeit noch eine absolute Besonderheit dar. Zwar gerieten unvorstellbar viele Afrikaner in die Sklaverei, doch verschleppte man sie in der Regel in die Kolonien, meist nach Amerika, wo sie in den Plantagen Frondienste leisten mussten. Die Zahl afrikanischer Sklaven auf dem europäischen Kontinent blieb dagegen vergleichsweise überschaubar. Umso mehr Aufsehen erregten die so fremdartig aussehenden Menschen, und das ganz besonders, wenn sie unerwarteterweise auch noch durch eine hohe Bildung verblüfften. Kein Wunder also, dass Angelo Soliman auffiel.

Damals befehligte der Feldmarschall von Lobkowitz die österreichischen Truppen auf Sizilien. Er zeigte sich von Soliman derart angetan, dass er die Marquise so lange bekniete, bis sie ihm schließlich im Jahr 1734 den inzwischen dreizehnjährigen Jungen zum Geschenk machte. Lobkowitz nahm ihn mit nach Böhmen, machte ihn zu seinem Kammerdiener und ließ ihn als Soldaten ausbilden. Eines Tages rettete Soliman seinem Herrn in einer Schlacht das Leben, eine Tat, die ihm zu hoher Wertschätzung in den Kreisen des österreichischen Adels verhalf.

Als Lobkowitz 1753 starb, konnte Soliman seine Karriere deshalb fortsetzen. Lobkowitz hatte ihn testamentarisch dem Fürsten Wenzel von Liechtenstein vermacht, einem der mächtigsten Männer des Habsburgerreichs. Als „Hofmohr" in der Funktion des Oberaufsehers der fürstlichen Dienerschaft kam er nach Wien. Soliman sprach inzwischen mehrere Sprachen und galt als hervorragender Schachspieler. Und weil er darüber hinaus zu einem hochgebildeten Mann herangereift war, bestimmte der Fürst ihn zum Erzieher seiner Söhne. Selbst der damalige Kaiser Joseph II. zeigte wohlwollendes Interesse an dem ungewöhnlichen Mann. Schließlich herrschte das Zeitalter der Aufklärung, gerne zeigte man sich als weltoffen und tolerant. Einen „edlen Wilden" zu akzeptieren, passte gut in dieses Bild.

1768 heiratete Soliman eine Österreicherin. Der Gewinn einer beträchtlichen Summe beim Kartenspiel hatte ihm diese Möglichkeit eröffnet. Gegenüber seinem Dienstherrn verheimlichte er die Hochzeit, denn dieser hatte seiner Dienerschaft Eheschließungen strikt untersagt. Allerdings wusste der Kaiser von der Heirat und erwähnte sie im Gespräch mit dem Fürsten. Dieser reagierte ungehalten und entließ Soliman. Ein bitterer Rückschlag, doch schon wenige Jahre später starb der Fürst, sein Nachfolger stellte Soliman wieder ein. Soliman und seine Frau Magdalena bekamen eine Tochter, die später durch Heirat in den Adelsstand aufsteigen sollte.

In Wien war Soliman zu dieser Zeit schon längst stadtbekannt. Er hatte sich in seine Rolle eingefunden, selbstbewusst trug er mit Kaftan und Turban ein orientalisches Fantasiekostüm, um sein exotisches Erscheinungsbild noch mehr zu betonen. Wann immer er durch die Gassen der Stadt schritt, genoss er enorme Aufmerksamkeit.

Doch abgesehen von seiner Intelligenz und diesen äußerlichen Attributen ist Soliman wohl auch ein feinsinniger Mensch gewesen, der sich nicht nur durch seinen Werdegang, sondern auch durch seine Auseinandersetzung mit humanistischen und philosophischen Fragen hervortat.

1781 fand er Aufnahme in der Wiener Freimaurerloge „Zur wahren Eintracht", dort schloss er enge Freundschaften mit Gleichgesinnten und wurde trotz seiner Fremdartigkeit hoch geachtet. Mozart, der drei Jahre später einer anderen Freimaurerloge beitrat, aber auch regelmäßig bei den Brüdern der „wahren Eintracht" verkehrte, ist Soliman dort mit Sicherheit begegnet. Und auch der Freimaurer Schikaneder wird den Afrikaner gekannt haben. Vielleicht diente Soliman beiden sogar als Inspiration für die Figur des Monostatos in der Zauberflöte.

Nun könnte man fast der Versuchung erliegen, nach dem schrecklichen Anfang von Solimans Leben angesichts dieser positiven Entwicklung erleichtert aufzuatmen. Ganz nach dem Motto „Ende gut, alles gut". Nur leider nimmt diese Geschichte einen Ausgang, der noch schockierender anmutet als ihr Beginn. Und damit beenden wir unseren Exkurs und kehren wieder zurück ins Naturalienkabinett der Hofburg.

Am 21. November 1796 erlag Soliman auf offener Straße einem Schlaganfall. Es heißt, dass Franz II., der vier Jahre vorher zum Kaiser gekrönt worden war, persönlich Solimans Körper beschlagnahmen ließ. Von Solimans Kopf wurde ein Gipsabdruck genommen, der später im Rollettmuseum von Baden bei Wien wiederauftauchte und noch heute dort ausgestellt ist.

Die Eingeweide wurden dem Leichnam entnommen und bestattet. Dann aber – und nun wird es monströs – zog man Soliman die Haut ab, präparierte sie und stopfte sie aus. Als halbnackter „Wilder" wurde er in stehender Haltung mit Federgürtel und -krone, Muschelkette sowie Glasperlenschmuck an Armen und Beinen neben afrikanischen Tieren im Naturalienkabinett ausgestellt.

In der offiziellen kaiserlichen Geschichtsschreibung wird dieses Prozedere damit begründet, dass die Schönheit der feingeschnittenen Gesichtszüge und die Ebenmäßigkeit seines Körperbaus im Kaiser den Wunsch weckten, Soliman durch einen Künstler präparieren zu lassen und dadurch für die Zukunft zu erhalten. Angesichts dessen stellt sich die Frage, welchen Stellenwert der Mensch im Allgemeinen und Schwarze im Besonderen im Wertesystem des Kaisers genossen haben mögen. Der scheinbar so aufgeklärte Humanismus und die zur Schau getragene Toleranz dieser Epoche verkehrte sich am Ende doch in rassistische Anmaßung.

Solimans Tochter protestierte energisch gegen die Schändung der sterblichen Überreste ihres Vaters, sie wandte sich sogar an den Erzbischof und fand dessen Unterstützung. Am 9. Dezember 1796 forderte das erzbischöfliche Konsistorium die Landesregierung auf, Solimans Haut für eine christliche Bestattung freizugeben, doch die Gegenseite blieb stur. Es wurde stattdessen verbreitet, dass Soliman selbst seine Haut zu diesem Zweck gespendet habe, und noch heute streiten sich manche Gemüter über die Richtigkeit dieser Behauptung.

Der ausgestopfte Soliman blieb zehn Jahre lang in der makabren Ausstellung, danach räumte man ihn auf den Dachboden. Dort wurde er bei einem Brand während des Wiener Oktoberaufstands von 1848 vernichtet.

Die Tierpräparate des Hof-Naturalien-Cabinets wurden später ins Naturhistorische Museum überstellt. Seit 2013 ist dank der gestiegenen Sensibilität gegenüber dem Rassismus ein Weg im 3. Wiener Gemeindebezirk nach Angelo Soliman benannt. Das Weltmuseum in der Hofburg zeigt heute künstlerische und ethnografische Objekte, historische Fotografien und Druckschriften. Bei allem Respekt, den diese Exponate verdienen, sollte man doch niemals die möglichen Abgründe der Menschlichkeit aus dem Auge verlieren.

Topfenknödel mit Zwetschkenröster

Zutaten für 4 Personen:

1 kg Zwetschken (deutsch: Zwetschgen/Pflaumen)	200 g Grieß
	100 g Semmelbrösel
240 g Zucker	2 EL Stärkemehl
2 Eier	2 Gewürznelken
400 g Topfen (Quark)	125 ml Rotwein
180 g Butter (zimmer- warm)	Saft von 1 Zitrone
	1 Zimtstange, Salz

Zubereitung:

Die Eier in Eiweiß und Eigelb trennen. Die Eiweiße mit einer Prise Salz zu festem Eischnee schlagen. 90 g Butter mit den Eigelben und 90 g Zucker aufschlagen. Den Topfen, dann den Grieß und zum Schluss vorsichtig das Eiweiß unterrühren. Den Teig 30 Minuten abgedeckt ruhen lassen.

Die Zwetschken waschen, entkernen und halbieren. Zitronensaft, Wein, 150 g Zucker, Zimtstange und Gewürznelken in einem Topf unter Rühren aufkochen. Die Zwetschken hinzugeben, kurz aufkochen, dann die Hitze reduzieren und bei niedriger Temperatur abgedeckt so lange köcheln lassen, bis die Zwetschken beginnen, zu zerfallen. Dabei nicht umrühren. Vom Herd nehmen, Nelken und Zimtstange entfernen.

Gesalzenes Wasser in einem großen Topf zum Kochen bringen. Aus dem Topfenteig mit feuchten Händen Knödel formen, diese ins siedende Wasser gleiten lassen und bei mäßiger Hitze 20 Minuten köcheln lassen. Dann gut abtropfen.

Die restliche Butter in einer Pfanne schmelzen, die Semmelbrösel hinzugeben und unter Rühren leicht bräunen. Die fertigen Knödel in der Bröselmasse wälzen. Den lauwarmen Zwetschkenröster auf Tellern verteilen, jeweils einen Topfenknödel darauflegen und servieren.

Sklavin der Schönheit – Elisabeth von Österreich-Ungarn

Vor der Küste von Smyrna, dem heutigen Izmir, kreuzt eine edle Yacht. Die Honoratioren der Stadt und viele Schaulustige haben sich am Ufer versammelt und jubeln der Gestalt zu, die an Deck steht und ihnen hoheitsvoll zuwinkt. Elisabeth von Österreich-Ungarn, eine der berühmtesten Frauen ihrer Zeit, ist zu Besuch gekommen, und jeder will einen Blick auf die Kaiserin erhaschen. Heißt es doch, Elisabeth sei die schönste Frau der Welt!

Niemand ahnt, dass sie ihr Schiff längst verlassen hat. Sie hat sich heimlich an Land bringen lassen und bummelt unerkannt durch die Straßen der Stadt. Sie hasst Repräsentation und Etikette, und sie nutzt jede Gelegenheit, sich davon fernzuhalten. An Bord steht in Wirklichkeit Franziska Feifalik, die Friseurin der Kaiserin. Sie ist vier Jahre jünger als Elisabeth und sieht ihr recht ähnlich. Wer die Kaiserin nicht genau kennt, merkt keinen Unterschied, schon gar nicht auf Distanz. Deshalb muss Franziska gelegentlich in die Rolle des Doubles schlüpfen.

Wer war diese Frau, die solche Inszenierungen veranlasste, um sich der Öffentlichkeit zu entziehen? Es ist schwierig, sich einer Persönlichkeit zu nähern, von der die meisten von uns eine vorgefasste Meinung und eine feste Vorstellung im Kopf haben. Dieses Image ist natürlich durch die populären Ernst-Marischka-Filme und den Charme der jungen Romy Schneider geprägt. Doch keineswegs gaben erst die Sissi-Filme den Impuls zur Glorifizierung Elisabeths. Der Hype um die Kaiserin begann schon viel früher, bereits zu ihren Lebzeiten und durchaus von ihr selbst gepflegt. Sie war sich ihrer Schönheit bewusst, und sie legte äußersten Wert darauf, dass ihr Nimbus als eine der anmutigsten Frauen ihrer Zeit gewahrt blieb.

Die Ermordung der Sechzigjährigen durch einen Anarchisten am 10. September 1898 in Genf löste äußerstes Entsetzen aus und sorgte für entsprechende Schlagzeilen in ganz Europa. Schnell erkannten die für Öffentlichkeitsarbeit zuständigen Beamten des Kaisers, dass sich diese Situation werbewirksam nutzen ließ. Hatte der Monarch doch nach dem Tod seiner zweijährigen Tochter im Jahr 1857 und dem Selbstmord seines Sohnes 32 Jahre später nun auch noch seine geliebte Frau auf so schreckliche Weise verloren.

Es erschienen Unmengen von Memorabilien mit Elisabeths Konterfei, von Münzen über Postkarten bis hin zu Ziertellern, und vielerorts wurden ihr Denkmäler errichtet. Der Kaiser selbst verschenkte kleine Porzellan-Statuetten der Kaiserin an seine Gäste. Ernst Marischka griff in seinen Filmen also eine äußerst beliebte Geschichte auf, und kein Wunder, dass die in den Fünfzigerjahren noch immer schwelende Sissi-Romantik sogleich wieder hohe Wellen schlug.

Manches von dem, was Marischka uns erzählt, orientiert sich nah an der Wirklichkeit. Tatsächlich ist die Kindheit der späteren Kaiserin verglichen mit den in Adelskreisen üblichen Gepflogenheiten sehr ungewöhnlich verlaufen. Das lag an ihrem Vater, der öffentliche Schulen besucht hatte und deshalb eine erstaunliche Volksnähe besaß, die er an seine Kinder weitergab. Die Familie zählte zwar zum gehobenen Adel, lebte jedoch recht zurückgezogen und fernab der üblichen Verpflichtungen. Die Kinder wuchsen daher viel ungezwungener

auf, als in adeligen Familien gang und gäbe. Das freie Umher-
schweifen in der Natur prägte ihren Alltag, der Vater nahm sie
oft auf ausgedehnte Bergtouren mit. Besonderen Wert legte er
dabei auf kraftsparende Praktiken beim Wandern und Klet-
tern, wofür er eigens einen Lehrer beschäftigte.

Tatsächlich litt Elisabeth über alle Maßen unter der strengen höfischen Etikette, mit der sie sich in Wien konfrontiert
sah. Diese Welt stellte ein genau entgegengesetztes Extrem
zu ihrem bisherigen Leben dar, und vielleicht waren es diese
Zwänge, die ihre weitere Entwicklung maßgeblich beeinfluss-
ten. Ihre Schwiegermutter Sophie Friederike von Bayern, der
die Filme eine hartherzige Kälte unterstellen, kann wohl kaum
für Elisabeths psychische Probleme verantwortlich gemacht
werden. Denn in Wirklichkeit scheint sie eine durchaus zugewandte Frau gewesen zu sein, die ihren Sohn überaus liebte
und ihm deshalb das Glück mit seiner Sissi von Herzen gönnte.
Das Paar bekam in den ersten Jahren der Ehe drei Kinder. Es
war Elisabeth selbst, die sich nach dem Tod der kleinen Tochter von den beiden anderen Kindern abwandte und diese der
Obhut Sophies überließ.

Man kann sich natürlich vorstellen, wie traumatisch der
Verlust des Kindes sich auf Elisabeth auswirkte. Verbunden
mit den Zwängen der Lebensweise am Wiener Hof löste
womöglich diese Erschütterung die auffälligen Allüren aus,
die Elisabeth fortan kennzeichnen sollten.

Sie begann, sich zunehmend von ihrem Mann zurückzu-
ziehen. Es wird wohl stimmen, dass sie sich zu Beginn in ihren
gutaussehenden Cousin Franz Joseph verliebt hatte. Doch zum
Zeitpunkt der Hochzeit im April 1854 war sie erst 16 Jahre
alt, und ihr Jungmädchentraum mag angesichts der ernüch-
ternden Realität allzu schnell zerbrochen sein. Es heißt, dass
Franz Joseph selbst ihr zeitlebens in aufrichtiger Liebe verbun-

den blieb, wobei er als nüchterner Reaktionär emotional eher unterkühlt wirkte. Elisabeth entzog sich, indem sie sich auf Reisen begab, mitunter blieb sie zwei Jahre lang fort.

Eine Erkrankung und entsprechender ärztlicher Rat hatten sie zu ihrer ersten Auslandsreise nach Madeira veranlasst. Dabei erkannte sie die vorzügliche Möglichkeit, sich der höfischen Drangsal zu entziehen, und ihre labile Gesundheit diente ihr fortan als willkommenes Argument, Wien wann immer möglich zu verlassen. Denn daheim befielen sie sogleich wieder physische Symptome wie Hustenanfälle und Migräne. Sie bereiste – meist inkognito – den Mittelmeerraum, auch Kleinasien und Nordafrika, darüber hinaus Ungarn, Großbritannien und andere europäische Länder. In England kannte man sie in erster Linie als hervorragende Reiterin, sie nahm stets ihre eigenen Pferde mit und verbrachte viel Zeit auf deren Rücken.

Sie zeigte darüber hinaus großes Interesse an Literatur, bewunderte Heinrich Heine und schrieb selbst Gedichte. Die Geschichten von Troja faszinierten Elisabeth so sehr, dass sie sich zu den von Heinrich Schliemann entdeckten Ausgrabungsstätten begab. Deshalb war sie auch von einer fast fanatischen Schwärmerei für den mythischen Heros Achill besessen. Franz Joseph schenkte ihr später einen Palast auf der Insel Korfu, den sie zu einer Art Tempel der Huldigung für den Helden von Troja umgestalten ließ.

Sie liebte außerdem die Seefahrt und kreuzte wochenlang über die Meere. Ihre Yacht verfügte über ein verglastes Deck, das ihr die Betrachtung der Wellen auch bei widrigen Wetterbedingungen erlaubte. Wenn sich ihre seekranken Hofdamen bei Sturm unter Deck verzogen, ließ sie selbst sich auf einem Stuhl in ihrer Aussichtskanzel festbinden und beobachtete die tosenden Wogen.

Während ihre Leidenschaft zum Reisen wuchs, kühlte ihr Wunsch nach Beisammensein mit Franz Joseph ab. Das wird spätestens dann sehr anschaulich, wenn man die Kaiserappartements in der Hofburg besucht. Nicht nur lebten die beiden in zwei voneinander getrennten Wohnungen, der Kaiser musste darüber hinaus eine hinter einem Vorhang versteckte Glocke läuten und um Einlass bitten, wenn er Elisabeth besuchen wollte. Es heißt, dass die sexuelle Beziehung der beiden schnell verebbte. Später förderte Elisabeth sogar aktiv die Zusammenkünfte ihres Mannes mit einer Schauspielerin, die über Jahre hinweg seine enge Vertraute blieb.

Elisabeth wollte wohl auch weitere Schwangerschaften vermeiden. Trotzdem brachte sie 1868 in Ungarn mit Marie Valerie ihr viertes und letztes Kind zur Welt, und die Gerüchteküche munkelte, dass diese Tochter tatsächlich vom ungarischen Grafen Andràssy stammte, mit dem Elisabeth eine innige Freundschaft pflegte. Beweise dafür gibt es allerdings nicht. Die kleine Marie Valerie jedenfalls wurde zu Elisabeths erklärtem Lieblingskind und zum einzigen, um das sie sich wirklich kümmerte.

Davon abgesehen stellte den wichtigsten Lebensmittelpunkt der Kaiserin die Sorge um die Erhaltung ihrer Schönheit dar. Besonders diese exzessive Beschäftigung mit ihrem Äußeren und die hitzige Besessenheit, mit der sie ihr Gewicht überwachte, deuten auf schwerste psychische Probleme hin. Sie litt unter Depressionen, die vor allem nach dem Selbstmord ihres Sohnes überhand zu nehmen drohten. Es gilt jedoch auch als erwiesen, dass Elisabeth schon früh an Magersucht erkrankte und sich davon zeitlebens nicht mehr befreien konnte.

Bei einer Körpergröße von 1,72 Metern wog sie niemals mehr als 50 Kilogramm, in manchen Jahren sogar nur 45. Ihr Gewicht überwachte sie mit äußerster Akribie, sie ließ sich von ihrer Friseurin täglich mitunter sogar mehrfach wiegen und den Umfang von Taille, Waden sowie Schenkeln vermessen. Auf jedes zusätzliche Gramm reagierte sie mit strikter Verschärfung ihres ohnehin stark eingeschränkten Speiseplans. Dieser bestand im Wesentlichen aus Milch, rohem Ei, dem Saft einer Orange oder zerstoßenem Wassereis, dem ein paar Spritzer Orangensaft zugesetzt wurden. Außerdem trank sie Fleischbrühe und gönnte sich gelegentlich ein Veilchensorbet oder kandierte Veilchen von ihrem Lieblingskonditormeister Demel. Aus Anlass offizieller Festessen speiste sie gelegentlich auch gut und offensichtlich gerne, doch sorgte sie im Anschluss sogleich mit striktem Fasten und sportlicher Betätigung für entsprechenden Ausgleich.

Die strenge Diät begleitete ein tägliches Programm von Turnübungen, und als Elisabeth aufgrund von Rückenproblemen das Reiten aufgeben musste, verlegte sie sich aufs Wandern als Leistungssport. Bei jedem Wetter legte sie erhebliche Strecken zurück, wobei ihr die als Kind erlernten Wandertechniken zupasskamen. Die adeligen Hofdamen, die sie begleiten mussten, litten allerdings sehr unter den Gewaltmärschen. Denn eigentlich gehörte Sport – abgesehen vom Reiten – nicht zu den üblichen Betätigungen der Aristokraten. Tagesstrecken von 20 bis 30 Kilometern galten als Elisabeths Standard in bergigem Gelände, im Flachland soll sie es sogar auf 60 Kilometer in nur gut sechs Stunden gebracht haben. Zuweilen war sie aber auch zehn Stunden lang in flottem Tempo unterwegs. Wer möchte die Hofdamen da noch beneiden?

Besonderen Wert legte Elisabeth auf ihre Wespentaille, deren Umfang nicht mehr als 40 Zentimeter betragen haben soll. Um diese extreme Schlankheit zu betonen, zwängte sie sich in speziell angefertigte Korsetts aus festem Leder und ließ sich teilweise in ihre Kleider einnähen. Ihre dünne Erschei-

nung fiel auf und weckte Bewunderung, allerdings diagnosti-
zierte der Obduktionsarzt später an ihrem Leichnam auffällige
Hungerödeme. Auch den Anker, den sie sich im Alter von
51 Jahren auf die Schulter hatte tätowieren lassen, vermerkte er
in seinem Bericht. Ein Tattoo galt zu ihrer Zeit und erst recht
in ihren Kreisen als äußerst anrüchig, vielleicht kann dies als
verborgenes Zeichen ihres Protests gegen die höfische Etikette
gewertet werden. Dass sie regelmäßig Kokain konsumierte,
mag ihr dazu gedient haben, die Hungerqual zu überwinden,
und auch das – für Frauen damals ebenfalls verpönte – Rau-
chen hat ihr dabei wohl geholfen.

Was Elisabeth nicht aß, das legte sie auf ihre Haut. Während
des Schlafs bedeckte sie ihr Gesicht mit einer Ledermaske,
die mit rohem Kalbfleisch, gelegentlich auch mit zerdrückten Erdbeeren gefüllt war. Ihre Taille umwickelte sie nachts
mit essiggetränkten Tüchern, weil sie glaubte, damit deren
Schlankheit aufrechtzuerhalten. Sie schlief nur wenig, dabei
ohne Kissen auf einem Metallrost, um ihre aufrechte Haltung
zu bewahren. Sie badete in Milch und duschte allmorgend-
lich kalt, um ein frisches Aussehen ihrer Haut zu bewirken.
Auch sollte die Creme helfen, die nach einem Rezept des im
2. Jahrhundert tätigen griechischen Arztes Galen hergestellt
wurde. Sie bestand aus Bienenwachs, Rosenwasser, Mandel-,
Sesam- und Olivenöl, später wurde noch Walrat hinzugefügt.
Auf Schminke und Parfüm verzichtete Elisabeth hingegen
weitgehend, denn sie legte Wert auf Natürlichkeit.

Alle kosmetischen Prozeduren konnten jedoch nicht verhindern, dass auch Elisabeths Haut dem Alterungsprozess
unterlag, was durch ihre ungesunde Ernährungsweise sicher-
lich noch beschleunigt wurde. Sie erlaubte deshalb keine Foto-
aufnahmen, die wenigen, die dennoch entstanden, mussten
stark retuschiert werden.

Geradezu legendär ist der Kult, den Elisabeth um ihre fersenlangen Haare betrieb. Zwar klagte sie gerne über die Last, die diese verursachten („ich bin die Sklavin meiner Haare"), doch wohl eher aus Gründen der Koketterie als aus echter Not. Denn ansonsten hätte die Benutzung einer einfachen Schere leicht für Abhilfe sorgen können, und taillenlanges Haar hätte es ja vielleicht auch getan. Doch ihr dichtes und überlanges Haar war Elisabeths ganzer Stolz. Tagaus, tagein ließ sie sich drei Stunden lang kämmen und frisieren, wobei zur Pflege Brennesselextrakt, Zitronenwasser und Apfelessig aufgetragen wurden. Alle drei Wochen wurden die Haare mit einer Mischung aus Eiern und Cognac gewaschen, die erste Zutat förderte Glanz und Haarstruktur durch Proteine, die zweite verlieh zusätzlich noch einen zarten Goldschimmer. Diese Prozedur beanspruchte einen kompletten Tag.

Zur Pflege ihrer Haarpracht hatte sie eigens die Bühnenfriseurin Franziska Feifalik vom Wiener Burgtheater abgeworben, die in vielen Jahren der stundenlangen Gemeinsamkeit zu ihrer ergebenen Gefährtin wurde. Franziska Feifalik kreierte die sogenannte „Steckbrieffrisur" der Kaiserin, die geflochtene Haarkrone, die zu ihrem Markenzeichen wurde. Mindestens 250 Bürstenstriche gingen dem voran, wobei die Kaiserin sich über ausgefallene Haare derart echauffierte, dass Feifalik diese mittels eines Klebebands an der Innenseite ihrer Schürze verschwinden ließ, bevor sie der Kaiserin die Bürste zur Inspektion präsentierte. Während der zeitraubenden Behandlung ließ Elisabeth sich vorlesen und lernte Sprachen, neben Ungarisch, Englisch und Französisch widmete sie insbesondere dem modernen Griechisch ausgesprochen viel Eifer.

Was Siegmund Freud wohl zu Elisabeths Lebensweise gesagt hätte? Seine 1886 eröffnete Praxis hat sie natürlich niemals aufgesucht. Man möchte ihr wünschen, sie hätte es getan.

Kandierte Veilchen

Zutaten:

300 g feiner Zucker   Veilchenblüten

Zubereitung:

Die Veilchenblüten kurz abspülen und auf Küchenkrepp trocknen lassen. Den Zucker mit 50 ml Wasser vermischen, erhitzen und langsam aufkochen lassen, dabei rühren, bis ein dicker Sirup entstanden ist. Vom Herd nehmen und die Veilchenblüten einzeln eintunken, drehen, eventuell kurz herausnehmen und den Vorgang wiederholen, dann auf Backpapier oder einem Plastikbrett trocknen lassen. In einer Metalldose kühl und trocken aufbewahren.

Kandierte Veilchen, angeblich die Lieblingsnascherei der asketischen Kaiserin Elisabeth, eignen sich auch gut zum Dekorieren von Torten und Desserts.

In luftiger Höhe – der Prater und das Kreiseln

Für den letzten Tag unseres Wienbesuchs haben wir den Kindern ein besonderes Schmankerl aufgehoben: einen Besuch im Prater. Mit der Tram sind wir bis zur Haltestelle Prater Hauptallee gefahren, und so finden wir uns nun auf eben jener breiten Hauptallee wieder und schlendern zwischen Spaziergängern, Joggern und Radfahrern in Richtung Wurstelprater.

Denn was wir landläufig unter dem „Prater" verstehen, ist nur ein kleiner Teil des eigentlichen Praters, der ein Park von beachtlicher Größe ist. Er besteht aus den Donauauen zwischen dem Fluss selbst und dem Donaukanal, ist räumlich nicht exakt umgrenzt und wird von einer recht naturnahen Landschaft aus Wäldern und dichtem Gebüsch, Sümpfen und Teichen geprägt. Dazwischen liegen zahlreiche Sportanlagen, egal, ob Tennis, Schwimmen, Fußball, Golfen, Reiten, Bowling oder Skateborden, im Winter auch Langlauf, Schlittschuhlaufen oder Rodeln, im Prater ist fast alles möglich. Sein Name geht auf das lateinische Wort „pratum" zurück, das heißt nichts anderes als Wiese. Der kleine Bereich des Praters, in dem das Riesenrad seine Kreise dreht und sich die Vergnügungsbuden aneinanderreihen, heißt „Wurstelprater". Und dorthin führt nun unser Weg.

Jetzt im Februar liegt noch eisige Stille zwischen den würdevollen alten Bäumen, die ihre Äste kahl und karg in den blauen Winterhimmel strecken. Doch schon bald wird der Frühling seinen Zauber über sie hauchen. Einen Vorgeschmack dessen geben bereits jetzt die vielen Schneeglöckchen, deren zarte Köpfchen zwischen dem vorwitzig leuchtenden Grün ihrer Blätter schweben. Und spätestens, wenn Ende April die Kastanienblüte das Regiment übernimmt, hüllt sich die gut vier Kilometer lange Hauptallee in ein berauschendes Festgewand aus zahllosen Schattierungen von Rosa und Weiß. Dann ist es endlich so weit, und das Klischeebild des alten Ohrwurms wird Wirklichkeit: Im Prater blüh'n wieder die Bäume!

Doch die Kinder haben wenig Interesse daran, gemächlich auf der Hauptallee entlangzuspazieren und vom Frühling zu träumen. Denn zwischen den Baumkronen lugt schon das Riesenrad hervor, ungeduldig drängen sie zur Eile. Höchste Zeit, das Versprechen von Gaudi und Spaß endlich einzulösen!

Während wir Erwachsenen fügsam auf das Riesenrad zusteuern, schweift ihr Blick schon bald begehrlich Richtung Praterturm. Allzu verlockend hebt er sich über die Szene, eine Verheißung von Schauder und Nervenkitzel, von ultimativem Thrill. Denn der 2010 eröffnete Praterturm ist mit 117 Metern eines der höchsten Kettenkarussells der Welt. Seine Fahrgäste baumeln in immerhin noch 95 Metern Höhe, in einem Kreis von 36 Metern Durchmesser geht es auf dem Höhepunkt der kurzen Fahrt mit wirbelschnellen 60 Stundenkilometern rundherum. Hoch über den Dächern der Stadt und dabei völlig bodenlos. Wehe dem, dessen Schuhe nicht fest genug an den Füßen sitzen! Ich schlucke trocken, wende meinen Blick wieder ab und strebe unbeirrt weiter zum Kassenhäuschen des Riesenrads. Möge dieser Kelch doch bloß an mir vorbeigehen, bitte ich stumm.

Der Wurstelprater entstand schon bald, nachdem Joseph II. sein vormals privates Jagdgebiet 1766 für die Allgemeinheit freigab. Zwar wurden hier zunächst noch keine Wursteln geröstet, doch die populären Volksbühnen, die in der gleichen Zeit aus der Altstadt verbannt wurden, fanden hier einen neuen Standort. Einer ihrer beliebtesten Darsteller hatte die Figur des Hanswurst kreiert, eines bäuerlichen Tölpels und verlässlichen Garanten für herzerfrischendes Lachen. Und da dieser Hanswurst nun in den Prater umzog, ergab sich der Name für das neue Vergnügungsviertel.

Zu den Theaterbühnen gesellten sich natürlich bald auch die ersten Imbissstände. Hinzu kamen Schieß- und Schaubuden, die allerhand Sensationen wie optische Verwirrungen oder mechanische Wunderwerke zeigten, und natürlich die obligatorischen Kaffeehäuser. Als 1873 die Weltausstellung ihren Einzug auf dem Gelände halten sollte, empörte sich der Ausstellungsleiter maßlos über das chaotische Gewusel dieser Buden und Bühnen. Rigoros ließ er alles dem Boden gleichmachen und zwang die Schausteller zur Errichtung respektablerer Gebäude. Alles, was ihm anrüchig erschien, das ganze bunte Volk der Gaukler, Akrobaten und Straßenkünstler, erhielt Platzverweis. Der Name „Wurstelprater" wich im offiziellen Sprachgebrauch der Bezeichnung „Volksprater", die sich allerdings im Volksmund nie durchsetzen konnte.

Man kann nicht einmal behaupten, dass der Erfolg dem Mann recht gab. Das Gegenteil war der Fall. Die Eröffnung der Weltausstellung wurde von Dauerregen begleitet, der das Gelände in einen sumpfigen Pfuhl verwandelte. Dann brach auch noch ein Börsenkrach los und zu allem Überfluss verbreitete sich eine schwere Choleraepidemie in den ärmeren Vierteln der Stadt. Die Weltausstellung geriet zum finanziellen Flop.

Der Wurstelprater aber war nicht kleinzukriegen. Nun endlich unterteilten geordnete Straßen das Gelände. Ein Zirkus ließ sich nieder, und mit „Venedig in Wien" entstand der welterste Themenpark, ein Areal mit Bauten im venezianischen

Stil, durchzogen von einem malerischen Kanal. Dazu Gondeln, Restaurant, Café und ein Marionettentheater. Dieser neuartige Publikumsmagnet feierte einen epochalen Erfolg. „Heut' Abend geh'n wir nach Venedig", lautete das Motto der schönsten Vorfreude, die den Alltag der Wiener versüßen konnte. Und wie es noch heute in derartigen Freizeitparks probat ist, musste jedes Jahr für ein brandneues Glanzstück gesorgt werden, immer gewagter, verblüffender und spektakulärer.

So kamen die Betreiber von klein Venedig kurz vor der Wende zum 20. Jahrhundert auf die damals noch wahnwitzig anmutende Idee, ein Riesenrad aufzustellen. Solch gewagte Konstruktionen existierten bereits in Chicago, London und Blackpool, warum also nicht auch in Wien? Außerdem jährte sich just im Jahr 1898 das Thronjubiläum des Kaisers Franz Josef zum fünfzigsten Mal.

Das Riesenrad konnte sogar schon ein Jahr zuvor seine ersten kreisenden Höhenflüge aufnehmen. Bei einer Gesamthöhe von knapp 65 Metern hievte es seine 30 Waggons an einem Rad mit dem äußeren Durchmesser von gut 60 Metern empor, um sie gleich darauf unablässig wieder dem Boden näherzubringen. Dass es heute nur noch 15 Waggons sind, ist auf die vom Zweiten Weltkrieg bedingten Schäden zurückzuführen. 1944 brannte das Riesenrad fast vollständig aus, und bei der Wiederinbetriebnahme nach der Sanierung im darauffolgenden Jahr gab es noch Zweifel an der Stabilität des Stahlgerüsts. Weil nun ohnehin nicht mehr so viele Fahrlustige kamen, blieb es bei 15 Kabinen, und heute prägt diese geringere Anzahl längst das liebgewonnene Erscheinungsbild des Riesenrads. Die nüchterneren Nachkriegswaggons sind allerdings wieder Nachbauten der alten Originale gewichen.

Kein Wunder, denn diese Waggons sind selbst zur Legende aufgestiegen. Zumindest als einer der genialsten Drehorte der

Filmgeschichte, denn in einer solchen Kabine entstand die Schlüsselszene des Klassikers „Der dritte Mann". Im Jahr 1949 in die Kinos gekommen, nur vier Jahre nach der Wiedereröffnung des Riesenrads, gilt dieser düstere Schwarzweißfilm als ein Meilenstein der Filmkunst. Im Riesenrad kommt es zum Showdown und zum Höhepunkt des Nervenkitzels, indem der Eindruck entsteht, der von Orson Wells dargestellte Verbrecher könne seinen durch Joseph Cotton verkörperten Gegenspieler jederzeit aus der Gondel stürzen.

Mit einer Hommage an diese Sequenz würdigte 1987 auch James Bond – in dem Fall in Gestalt von Timothy Dalton – das Riesenrad in „Der Hauch des Todes". Daneben dienten die Wiener Volksoper und die Gasometer als Kulissen für den Film.

Die aufsehenerregendste Filmszene am Wiener Riesenrad entstand allerdings schon weitaus früher, ist aber trotzdem nur den Wenigsten bekannt. Es geschah nämlich schon 1914, dass sich eine Kunstreiterin auf dem Rücken eines Pferdes vom Riesenrad in die Höhe hinaufwinden ließ – und das oben auf dem Dach eines Waggons! Der Anblick der furchtlosen Amazone in schwindelnder Höhe ist absolut atemberaubend, und so trägt dieser frühe Sensationsfilm auch den Titel „Der Todesritt auf dem Riesenrad". Vier Umrundungen lang musste das Pferd geschützt hinter einem Gitter die waghalsige Rundfahrt trainieren, für den Dreh wurde es sicherheitshalber auf dem Dach festgebunden, und dennoch erscheint dieser „Todesritt" vollkommen aberwitzig.

Städte, die etwas auf sich halten, schmücken sich heute überall auf der Welt mit Riesenrädern. Das Wiener Riesenrad ist und bleibt aber einzigartig unter all diesen Attraktionen. Denn während seine Zeitgenossen in Chicago, London und Blackpool schon nach wenigen Jahren ihren Betrieb wieder einstellten und abgebaut wurden, dreht es nach all der Zeit noch immer unbeirrbar seine Kreise.

Voller Vorfreude besteige ich deshalb unseren Waggon. Wir haben Glück, es ist nicht viel los, deshalb sind wir vier die einzigen Fahrgäste an Bord. Bei größerem Andrang finden mit Leichtigkeit auch 15 Personen Platz in der geräumigen Kabine. So aber können wir uns dem uneingeschränkten Rundumblick über die Dächer Wiens hingeben. Ich muss schmunzeln, als ich an meine erste Riesenradfahrt zurückdenke. Mein zweijähriger Begleiter wandte sich damals mit echter Empörung ab, als ich ihn aufforderte, das Stadtpanorama zu betrachten. Stattdessen stürzte er zurück zur gegenüberliegenden Kabinenseite, drückte sich die Nase am Fenster platt und schaute geradewegs nach unten, auf den verlockenden Anblick des Wurstelpraters. „Schönseite", nannte er diesen Blickwinkel, ganz im Gegensatz zur verschmähten „Doofseite".

Der Wurstelprater ist nämlich ein buntes Sammelsurium von Kirmesbuden und allerhand Fahrgeschäften, der Zutritt zum Gelände ist darüber hinaus auch noch kostenlos. Es gibt unter anderem Karussells, Autoscooter, Looping- und Achterbahnen, Spiegellabyrinthe, einen Freifallturm, Geister-, Dino-, Wasser- und Grottenbahnen, Karts sowie eine Schmalspurbahn, mit der man sich auf eine 3,9 Kilometer lange Rundfahrt durch den Prater begeben kann. Außerdem ein Planetarium, ein Pratermuseum, eine Zweigstelle von Madame Tussauds Wachsfigurenkabinett. Ungewöhnlich ist das Kugelhaus des Künstlers Edwin Lipburger. Dieser 2015 gestorbene Freigeist war ein selbsternannter Revolutionsführer, der 1976 die Republik Kugelmugel ausrief. Das gleichnamige Kugelhaus stellt in diesem Sinne eine Mikronation dar, ein Gebilde außerhalb der österreichischen Bauordnung und damit – zumindest nach Meinung des Künstlers – ein eigengesetzliches, exterritoriales

Konstrukt. Die „Republik Kugelmugel" unterhält sogar eine Botschaft in der Wiener Singerstraße.

Weil die beiden Kids, mit denen wir dieses Mal Riesenrad fahren, schon etwas älter und damit zumindest ansatzweise vernünftiger sind als ihr damals zweijähriger Bruder, betrachten sie klaglos das Panorama der Stadt. Die sehnsüchtigen Blicke, die dabei immer wieder in Richtung Praterturm schweifen, sind allerdings nicht zu übersehen. Ihre Mienen bleiben zwar stoisch, doch die Falten auf ihren Stirnen beginnen sich allmählich zu vertiefen.

Das Riesenrad dreht sich nämlich mit einer Geschwindigkeit von müden 2,7 Stundenkilometern. Und das in unserer so schnelllebigen Zeit! Für einen kompletten Umlauf benötigt es 255 Sekunden, allerdings nur in der Theorie. Denn sobald eine der 15 Kabinen die Bodenstation erreicht hat, bleib das Rad erst einmal stehen. Dann wird aus- und wieder zugestiegen, und wenn viel Betrieb herrscht, dauert dieser Vorgang entsprechend lange. Träge setzt sich das Rad danach wieder in Gang – bis zum nächsten Stopp. Bei einem Umfang des Rads von rund 200 Metern bedeutet das, dass wir nach etwa 13 Streckenmetern schon wieder anhalten. Die Zeitreise ins späte 19. Jahrhundert entpuppt sich zumindest für die Kinder zu einer Geduldsprobe, und aus den Augenwinkeln schielen sie immer neidvoller zu den rasanten Drehungen des Praterturms.

Doch als wir endlich wieder unten angekommen sind, ist es erst einmal Zeit für eine kleine Jause. Die Kulinarik-Expertin Lisa meint, man dürfe sich keineswegs die Lángos entgehen lassen. Zumal diese als Snack sehr beliebten Hefefladen aus ihrer ungarischen Heimat in die Kaiserstadt gekommen sind.

Die gibt es doch bestimmt hier irgendwo! Und wer weiß, vielleicht kommen wir danach rein zufällig auch noch beim Zugang zum Praterturm vorbei…

Lángos

Zutaten für 4 Personen:

500 g Mehl   1 Tl Zucker
150 ml Milch   reichlich Speiseöl
1 Würfel Hefe   Salz

Zubereitung:

Die Milch mit dem Zucker verrühren und lauwarm erhitzen. Die Hefe hineinbröckeln und auflösen, dann 100 g Mehl hinzusieben und unterrühren. Abgedeckt an einem warmen Ort 15 Minuten gehen lassen.

Anschließend 100 ml lauwarmes Wasser, 2 El Speiseöl und das restliche Mehl hinzugeben, salzen und alles zu einem geschmeidigen Teig verkneten, ggf. noch etwas Wasser hinzufügen. 5 Minuten lang kräftig durchkneten, dann mit einem Geschirrtuch abdecken und 30 Minuten gehen lassen.

Nun vom Teig Stücke abreißen, diese zu Kugeln formen und zu flachen Fladen drücken. Die Lángos sollen ca. 2 cm dick sein, wie groß ihr Durchmesser sein soll, ist jedem selbst überlassen, praktischerweise sollte er aber gut zum Durchmesser der Pfanne passen.

Eine hohe Pfanne mit reichlich Speiseöl füllen und dieses erhitzen, bis an einem hineingehaltenen Holzlöffel Bläschen aufsteigen. Die Teigfladen nacheinander von beiden Seiten darin ausbacken, bis sie goldgelb und knusprig sind. Abtropfen lassen, nach Wunsch mit Salz bestreuen und heiß verzehren.

Gerne werden die Lángos mit gepresstem Knoblauch oder mit einer Knoblauchsauce bestrichen. Für letztere pro Lángos jeweils 3 EL Sauerrahm mit einer zerdrückten Knoblauch-zehe, etwas Pfeffer und einer Prise Salz vermischen. Nach Wunsch kann man auch Kräuter wie z.B. Schnittlauch, Dill oder Petersilie hinzugeben beziehungsweise vorab den Teig damit würzen. Man kann Lángos auch mit Schafskäse oder Kraut belegen, ganz nach Belieben alternativ mit Letscho bestreichen, das ist eine ungarische Paste aus geschmorten Paprika, Zwiebeln, Tomaten und Knoblauch. Wer es lieber süß mag, bestreut den fertigen Lángos-Fladen mit Puderzucker oder bestreicht ihn mit Konfitüre.

Für einen Debrecziner-Lángos nimmt man scharfe Debrecziner-Würste, umwickelt diese jeweils mit dem Teigfladen und backt das Ganze aus. Nach Geschmack kann man den Debrecziner-Lángos danach mit Curry bestreuen, dazu gibt es Ketchup und Mayonnaise. Beim Bauern-Lángos wird der Teigfladen vor dem Backen mit geriebenem Käse und Schinkenstückchen belegt und zusammengerollt.

Traditionell wurden Lángos eigentlich in Schweineschmalz ausgebacken, das sorgt für noch herzhafteren Geschmack, eignet sich aber natürlich nicht mehr für Vegetarier. Lángos gibt es inzwischen überall auf österreichischen Volksfesten und Märkten, ihre Hochburg ist und bleibt jedoch der Wurstelprater.

Das letzte Wort

Liebe Leser*innen,

ich hoffe, Ihnen hat unser gemeinsamer Ausflug nach Wien gefallen. Nun wünsche ich Ihnen viel Freude beim selbstständigen Entdecken dieser vielseitigen und faszinierenden Stadt. Versäumen Sie für Ihre visuellen Vorab-Eindrücke nicht die Fotos aus Wien auf www.almutirmscher.de!

Natürlich freue ich mich über Ihre Tipps, Hinweise oder Anregungen und beantworte auch gerne Ihre Fragen. Schreiben Sie mir einfach an **kontakt@almutirmscher.de**.

Vielen Dank und…

… *griaß eich, Servus, Tschau-Baba*! Bis bald in der Stadt der Donaumonarchie!

Ihre
Almut Irmscher

Danksagung

Ich danke allen, die mich mit Tipps und Anregungen unterstützt haben.

Ganz besonders danke ich meinem Mann Ulrich Otto, ohne seinen Rat, seine Korrekturen, seine Aufmunterungen und seine ständige Bereitschaft, mir alle Hindernisse aus dem Weg zu räumen, wäre meine Arbeit nicht möglich.

Ich danke meinen Sohn Dennis für seine Korrekturen und dafür, dass er mich im zarten Alter von zwei Jahren willig nach Wien begleitet hat. Mein herzlicher Dank geht darüber hinaus an meine österreichische Freundin Rosi Seidl, die die Fotoalben auf meiner Seite www.almutirmscher.de mit ihren schönen Bildern bereichert.

Besonderer Dank gebührt außerdem meiner Freundin Gunhild Hexamer, die mich nicht nur durch die Jahrzehnte des Lebens begleitet hat, sondern auch die Entstehung meiner Bücher jedes Mal aufs Neue unermüdlich und engagiert mit ihren Hinweisen, Korrekturen und Anregungen begleitet. Sie ist es auch gewesen, die mir überhaupt erst den Anstoß zum Schreiben gegeben hat. Ohne Gunhild gäbe es meine Bücher nicht. Gunhild ist selbst Autorin, wenn Sie sich für Nordamerika interessieren, dann empfehle ich Ihnen ihre Bücher, die Sie auf ihrer Website www.ghexamer.de finden.

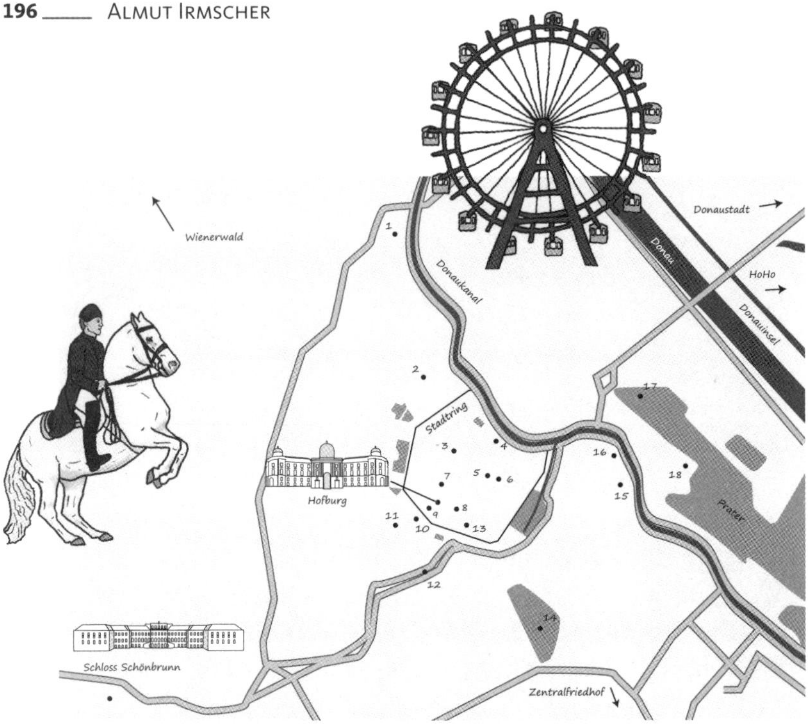

1 Müllverbrennungsanlage Spittelau
2 Siegmund-Freud-Museum
3 Am Hof
4 Ruprechtskirche
5 Stephansdom
6 Mozarthaus
7 Hofreitschule / Sisi-Museum / Kaiserappartements
8 Albertina
9 Weltmuseum
10 Kunsthistorisches Museum / Naturhistorisches Museum
11 MuseumsQuartier
12 Naschmarkt
13 Wiener Staatsoper
14 Schloss Belvedere
15 Hundertwasserhaus
16 Kunst Haus Wien
17 Riesenrad
18 Haltestelle Prater Hauptallee

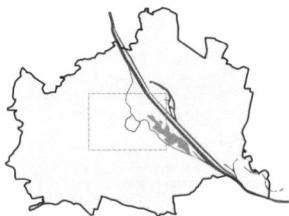

otivkirche

Parlament mit Statue der Pallas Athene

Hofburg

Heldenplatz mit Blick auf das Naturhistorische Museum

Kuppel Michaelertrakt, Hofburg

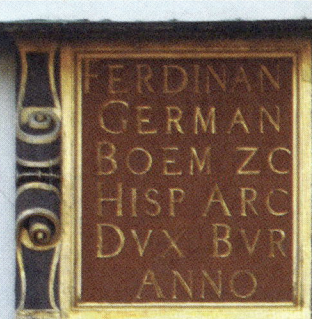
FERDINAN
GERMAN
BOEM ZC
HISP ARC
DVX BVR
ANNO

DVS ROM
HVNGAR
REX INFA
HI AVSTR
GVND ZC
M D LII

Schweizer Tor, Hofburg

Unterwegs mit dem Fiaker

Stephansdom

Fiaker

9

Fleischmarkt.

Fussgeher Achtung auf das Fuhrwerk!

SCHRITTFAHREN!

Schwerfuhrwerkskutscher haben die Pferde am Zügel
zu führen oder eine erwachsene Begleitperson zur
Warnung der Fussgänger voranzuschicken.

KUNDMACHUNG vom 3. Mai 1912. Mag.-Abt. IV, Z. 2050/11.

Am Fleischmarkt

Sachertorte

Staatsoper

Schloss Schönbrunn

Graben

Tram, Haltestelle Prater Hauptallee

Riesenrad

Praterturm

Hundertwasserhaus

Kunst Haus Wien

Müllverbrennungsanlage
Spittelau

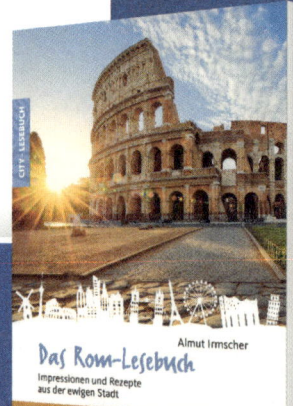